TODO SOBRE EL CANIBALISMO

Culturas caníbales, criminales, sobrevivientes y
más acerca de este gran tabú

BERT WOLFE

La información contenida en este documento se ofrece únicamente con fines informativos, y es universal como tal. La presentación de la información se realiza sin contrato y sin ningún tipo de garantía endosada.

El uso de marcas comerciales en este documento carece de consentimiento, y la publicación de la marca comercial no tiene ni el permiso ni el respaldo del propietario de la misma.

Todas las marcas comerciales dentro de este libro se usan solo para fines de aclaración y pertenecen a sus propietarios, quienes no están relacionados con este documento.

Índice

Introducción

El canibalismo parece fácil de definir: la "práctica de comerse a los de su propia especie", tal y como lo define sucintamente The Penguin English Dictionary. Parece bastante sencillo, pero plantea muchas preguntas y pasa por alto una notable diversidad. Masticar un hígado humano parece inequívocamente caníbal, pero ¿se considera caníbal a quien se muerde las uñas? ¿Cuál es, en esencia, la diferencia? Dado que es tan difícil de precisar, y tan a menudo una cuestión de contexto y circunstancias, el canibalismo se presenta en grados de aceptabilidad. En un extremo, la uña masticada; en el otro, el asesinato sádico, la mutilación y el asado de la carne. Entre estos dos extremos hay multitud de posibilidades. En términos éticos, es evidente que hay una gran diferencia entre que la fuente de la carne esté viva o muerta.

En el primer caso, es obvio que importa si el donante estaba dispuesto o no; en el segundo, si el posible consumidor era también la causa de la muerte. Hoy en día tendemos a adoptar la línea simple. Todo es bueno o malo, y el canibalismo entra claramente en esta última categoría. Cuando unas pobres almas se encuentran atrapadas en medio de la nada sin comida y acaban teniendo que comerse a sus compañeros, la mayoría de nosotros estamos de acuerdo en que no tenían elección, y perdonamos generosamente su caída en desgracia, porque seguimos creyendo que eso es lo que era: una horrible necesidad. Pero seguimos aferrados a su maldad; el canibalismo es simple e innatamente inaceptable. Entonces, ¿por qué la gente lo hace?

¿Por qué, si en general somos incapaces de imaginar un mundo muy distinto del nuestro, la gente lo ha hecho alguna vez? Hay tres razones esenciales: el deber, la desesperación y el deseo. O, dicho de otro modo, porque deben o porque quieren. Este libro se divide de acuerdo con estas tres razones, aunque obviamente hay un elemento de solapamiento: muchos individuos y pueblos han tenido más de un motivo para comerse a los suyos. Los maoríes, por ejemplo, consideraban el canibalismo tanto socialmente aceptable como necesario, y también parecían disfrutarlo. Y cuando se trata de comportamiento psicopático, la línea entre necesidades y deseos se vuelve más que un poco borrosa Desesperación y deseo El canibalismo por desesperación es bastante fácil de entender. Ha habido hambrunas a lo largo de la historia, en todos los continentes, en zonas de todos los tamaños, desde las amplias estepas rusas hasta los estrechos botes salvavidas en medio del océano Algunas de estas hambrunas han tenido causas naturales, otras han sido el resultado directo de las actividades del hombre. El resultado, en cualquier caso, ha sido generalmente el mismo. La gente desesperada hace cosas desesperadas, y la gente hambrienta come lo que puede, aunque sean otras personas.

El canibalismo es mucho más difícil de entender, aunque los padres abusivos, las madres dominantes, la tortura de animales y la disfunción sexual extrema parecen aparecer con bastante frecuencia como una posible explicación.

La historia de la humanidad -el presente de la humanidad, para entendernos- contiene grupos que lo practican culturalmente, pero el canibalismo de deseo en el mundo moderno es en gran medida competencia de los individuos, un asunto familiar a lo sumo. Dado que la sociedad da por sentado que el canibalismo está totalmente mal, y que los que lo practican deben ser capaces de contenerse, se deduce que los que no lo hacen son los marginados por excelencia, gente que da mala fama a los asesinos comunes. Pocos asesinos caníbales han sido declarados locos, pero sólo porque la mayoría de los jurados han quedado tan conmocionados por sus actos que se han mostrado demasiado ansiosos por ejecutarlos. Con esto no nos referimos al que exige que todo el mundo coma tanta carne humana como pueda porque es lo que hay que hacer. El canibalismo por obligación surge de la creencia compartida en muchas sociedades de que comerse a otras personas ayuda a que su mundo gire, a que su cultura sea coherente ¿Cómo puede alguien creer algo tan raro, tan malo, tan "incorrecto"?

Bueno, los que descartan tales creencias deberían fijarse en las suyas propias. El mundo hecho en seis días. El mismo mundo salvado por un barco bien provisto de animales.

Todas las culturas, como todos los individuos, tienen sus propias maneras de dar sentido a las cosas que no pueden entender. Es un caso de cultura, y de las creencias y costumbres sociales de esa cultura Así que, ¿de qué serviría comerse a otros humanos? ¿Qué esperanzas podrían cumplirse?

Si se hace por los dioses, seguro que estarán agradecidos; harán que el mundo siga girando, que el sol siga saliendo, que las cosechas sigan creciendo. Y luego está la magia de carne y hueso, y la creencia de que debe ser transferible.

No hace falta ser muy imaginativo para creer que consumir la carne de un enemigo temible te hará más fuerte, o que beber la sangre de los sanos puede curar enfermedades. Así, los ashanti obligaban a sus cobardes a comerse los corazones de los valientes, y los faraones se bañaban en sangre joven para lavar la lepra; tales transferencias de bienes corpóreos conllevaban todo tipo de maravillosas posibilidades Nociones sencillas para las sociedades simples, cabría pensar. La Francia del siglo XVI era mucho más sofisticada.

Ate a un hombre católico, pelirrojo y desnudo a un banco", comienza una receta medicinal, presumiblemente anglicana, "y sométalo a las atenciones desenfrenadas de una serie de animales venenosos. Cuando haya expirado a causa de las mordeduras y picaduras, cuélgalo boca abajo con un cuenco debajo para recoger las gotas. Mézclalas con la grasa de un hombre que haya sido ahorcado, las entrañas de los niños y los cadáveres de los animales venenosos que le causaron la muerte. Utilizar según convenga". No se trataba sólo de una cuestión de transferencia. Comerse a un enemigo era una buena manera de castigarlo, una forma de venganza satisfactoriamente completa, un dramático elemento disuasorio para los demás.

Y no se trataba sólo de enemigos. Comer a los parientes muertos podía evitarles la soledad del entierro y limitar el periodo de duelo de los vivos. También entraban en juego factores dietéticos y económicos. En algunos lugares, la carne humana podía ser la única fuente de proteínas disponible. En otros, podía constituir la principal fuente de ingresos de la comunidad y, en ese caso, era muy probable que la práctica se considerara moralmente aceptable.

¿Cuántas veces hemos oído decir a los políticos que reducir el comercio de armas pondría en peligro demasiados puestos de trabajo? Por estas y otras razones, muchas más culturas que otras han entretejido la práctica del canibalismo en su vida cotidiana ¿Y por qué no? Una última reflexión.

Está muy bien preguntarse "¿Por qué el canibalismo?

Durante la mayor parte de la historia la pregunta más pertinente ha sido "¿Por qué no?"

En la primera década del siglo XX, J.H.P. Murray era teniente-gobernador y jefe judicial de la Papúa Nueva Guinea anglo-australiana. En sus memorias recordaba cómo un testigo de un juicio describía con naturalidad las prácticas caníbales de su tribu: Hervimos los cuerpos. Los cortamos y los hervimos en una olla. También hervimos a los bebés. Los cortamos como a un cerdo. Los comemos fríos o calientes. Primero nos comemos las patas. Las comemos porque son como el pescado. Tenemos peces en los arroyos y canguros en la hierba.

Pero los hombres son nuestro verdadero alimento". Es evidente que Murray reflexionó sobre ésta y otras afirmaciones que escuchó durante su estancia en Papúa Nueva Guinea. La idea le repugnaba, pero buscó en vano una razón convincente. A algunas tribus de aquí les gusta la carne humana", escribió más tarde, "y no veo por qué no deberían comerla. De hecho, nunca he sido capaz de dar una respuesta convincente a un nativo que me diga: "¿Por qué no debería comer carne humana?" El famoso viajero victoriano Alfred St Johnston fue aún más lejos. "Me habría glorificado en el ajetreo y la lucha de los viejos tiempos de Fiyi", escribió en 1883, "con mi mano contra todo el mundo, y todo el mundo contra mí; y la feroz locura de la pasión desenfrenada y la rabia con la que iban a la batalla, y el apaleamiento de mis enemigos. Y estoy seguro de que después habría disfrutado comiéndomelos".

Si a los rígidos colonos victorianos les resultaba difícil decir por qué no, y a los exploradores victorianos les parecía bien participar, no es de extrañar que los colonizados y explorados se preguntaran a qué venía tanto alboroto. Como dijo un grupo de maoríes al capitán Cook: "¿Puede haber algún daño en comernos a nuestros enemigos, a los que hemos matado en la batalla? ¿No habrían hecho lo mismo con nosotros esos mismos enemigos? En el barco de Cook viajaban varios tahitianos que manifestaron claramente a los maoríes su aversión al canibalismo. Según Cook, éstos "sólo se rieron de ellos". Los belicosos maoríes consumían a sus enemigos como parte de su derecho como vencedores de la batalla Todavía se reían cincuenta años después.

El médico francés Felix Maynard relató la paciente explicación de un jefe maorí a su oscuro invitado extranjero sobre cómo los peces se comían a los peces, los perros a los perros, los pájaros a los pájaros. Incluso los dioses se comían unos a otros. ¿Por qué, concluyó, no iban a comerse los hombres unos a otros? Un jefe maorí llamado Towai fue llevado a Londres en 1818 para ser civilizado. No le fue muy bien. Echaba de menos sus festines de carne humana, contaba escandalizado en las cenas. Estaba harto de la ternera, añadía con una mirada lejana. Las mujeres y los niños eran deliciosos. Pero nunca coman la carne cruda, advertía a sus embelesados acompañantes. Los detalles culinarios podían ser diferentes, pero el significado general era ampliamente compartido. Como explicaron los miembros de una tribu congoleña en el siglo XIX a un misionero inglés, el reverendo W. Holman Bentley: "Ustedes comen aves y cabras, y nosotros comemos hombres, ¿por qué no? Cuando a un jefe de la tribu liboko se le preguntó por la carne humana, supuestamente se relamió y expresó su deseo de comerse "a todo el mundo". Cuando antropólogos curiosos interrogaron a los miembros de la tribu mambila, les dijeron sin ambages que la carne humana no era más que otra forma de carne.

Cuando mataban a un enemigo, solían comérselo allí mismo, sin rituales ni ceremonias. Las sobras se llevaban a casa para los ancianos, que las adoraban.

Los azande del sur de Sudán tenían una actitud similar.

Comían carne porque era buena, según E.E. Evans-Pritchard, un antropólogo de principios del siglo XX.

Los azande decían que los extraños no significaban nada para ellos. Nada más que carne, es decir Y la carne es la carne. Los mambila vendían sus muertos a las tribus vecinas.

Otras tribus, tanto en África como en Sudamérica, engordaban a los prisioneros para llevarlos al mercado, a menudo castrándolos para acelerar el proceso. A los niños se les obligaba a comer plátanos, que luego se cocían y vendían. En el sur de Nigeria había precios de mercado para diferentes cortes de víctimas humanas; en el Congo se hacían filas de hombres y mujeres -comidas potenciales- y se marcaban sus cuerpos con arcilla coloreada para que los compradores eligieran un corte. Cuando un europeo enfurecido protestaba, el comerciante en cuestión parecía perplejo.

Pero eso no es un hombre", decía, "es un esclavo, un buey".

Rara vez era cuestión de "¿por qué no? Los hombres mambila también creían que comerse a sus enemigos les infundiría valor, mientras que las mujeres mambila tenían prohibido comer carne humana. La olla que un azande utilizaba para cocinar carne humana sólo la usaba él, lo que sugiere que ocurría algo especial Incluso los papúes de J.H.P. Murray vestían su consumo de "comida real" con rituales.

No se consideraba aceptable comerse a alguien que uno mismo había matado, "pero si, después de matar a un hombre, vas y te sientas en un coco, con también un coco bajo cada talón, y haces que tu hija hierva el corazón del hombre, entonces puedes beber el agua en la que se ha hervido el corazón Y también puedes comer un poco del corazón, pero debes estar sentado en los cocos todo el tiempo" El canibalismo por sí mismo sin duda existía. Mientras los humanos fueran capaces de deshumanizar al 'otro', entonces el otro podía ser visto como carne. Sería más fácil pensar que a la gente siempre le resultó difícil, y que por eso normalmente necesitaban disfrazar su codicia o lujuria culinaria con rituales, religión o juegos con cocos. Fácil, pero probablemente erróneo. Si un gran número de alemanes del siglo XX con un alto nivel de educación pudieron llegar a creer que otro grupo de bípedos parlantes eran menos que humanos, no es de extrañar que las culturas "menos desarrolladas" -en todos los continentes, de todas las razas- hayan tenido a menudo dificultades para distinguir un tipo de carne de otro.

Canibalismo y ritual

ALIMENTAR A LOS DIOSES, hacer magia Cuando Cortés y su ejército invasor llegaron a México a principios del siglo XVI, se encontraron con una cultura basada en el canibalismo y el sacrificio humano a escala industrial. Los aztecas, creadores de esta cultura, sólo llevaban asentados un par de siglos, y su religión, extraordinariamente elaborada, se había ido improvisando a lo largo del mismo periodo. Empezaron con su propia serie de dioses, tomaron prestados otros de otras tribus y rellenaron las lagunas evidentes de su panteón con nuevos inventos. A la llegada de Cortés, tenían "tantos dioses que ni siquiera los pueblos vecinos habían sido capaces de ponerles número". Se esperaban problemas.

. . .

La humanidad se encontraba ya en un Quinto Mundo, y los aztecas estaban decididos a salvarla del destino de los cuatro anteriores. No escatimaron esfuerzos en su lucha por mantener el sol en movimiento y a los monstruos del crepúsculo a raya.

El sol había sido creado por el sacrificio de un dios -que se había arrojado a un brasero- y puesto en movimiento por la sangre y los corazones de otros dioses. Parecía justo, por no decir lógico, que los humanos aportaran sus propios sacrificios para mantener el cosmos en marcha. Y dado que las poblaciones pueden volverse inquietas cuando sus gobernantes empiezan a matarlas en grandes cantidades, la mayor parte de la sangre y los corazones tendrían que proceder de extranjeros. Por lo tanto, habría que librar un estado de guerra más o menos permanente, en el que matar estuviera mal visto y se premiara la toma de prisioneros. Durante la mayor parte de dos siglos, los ejércitos de los aztecas recorrieron América Central en busca de víctimas extranjeras Festivales de comida Los prisioneros eran llevados de vuelta a Tenochtitlan, en el valle central, allí para esperar su momento de terror en uno de los festivales regulares iban a la batalla, y el apaleamiento de mis enemigos. Si a los coloniales victorianos de cuello duro les costaba decir por qué no, y a los exploradores victorianos de camisa roja les gustaba participar, no es de extrañar que los colonizados y explorados se preguntaran a qué venía tanto alboroto.

· · ·

Como dijo un grupo de maoríes al capitán Cook: "¿Puede haber algún daño en comernos a nuestros enemigos, a los que hemos matado en la batalla? ¿No habrían hecho lo mismo con nosotros esos mismos enemigos? En el barco de Cook viajaban varios tahitianos que manifestaron claramente a los maoríes su aversión al canibalismo. Según Cook, éstos "sólo se rieron de ellos".

La cabeza se colgaba de un caballete y un muslo se entregaba al consejo de gobierno. En ocasiones, se entregaba la piel desollada al líder de los captores, ya que llevarla le bendeciría con las cualidades de la víctima. El resto de la carne se repartía entre los nobles locales y los demás captores; los huesos se entregaban a los animales que custodiaban los templos Otros sacrificios Los sacrificados no siempre eran hombres. En el primer festival del año, dedicado al dios de la lluvia, se ahogaba a los niños para evitar la sequía.

Con su sangre se amasaban réplicas de masa de maíz del dios de la guerra Uitzilopochtli. El corazón de estas réplicas se lo comía el monarca reinante y el resto se repartía entre los nobles La segunda fiesta estaba dedicada a Xipe Toltec, el dios de la primavera Los prisioneros de guerra, cuanto más valientes mejor, eran atados a maderos sobre la tierra que pronto se sembraría y utilizados como blanco por los arqueros aztecas Una vez que su sangre había enriquecido la tierra, los que aún vivían eran sacrificados de la forma habitual. Su piel era llevada por los sacerdotes de Xipe Toltec, teñida la quinta fiesta era la mayor del año, se celebraba cuando el sol estaba en lo más alto del cielo. La víctima principal era elegida un año antes y se le concedían doce meses de vida de lujo para recordar. Las tres últimas semanas las pasaba con cuatro hermosas "novias". El día de la fiesta, sufría el destino habitual, y luego todo volvía a empezar con el turno de su afortunado sucesor Y así sucesivamente. Más sacrificios a la lluvia, más sacrificios a las aguas saladas, al fuego, a la caza y a la guerra.

Cuando el maíz estaba casi maduro, se elegía a una joven, se la adornaba con túnicas y plumas rojas y amarillas y se la ponía a bailar durante toda la noche. Al amanecer, la decapitaban y cortaban la primera mazorca. Otra mujer perdía la cabeza para celebrar la cosecha, lo que marcaba el comienzo de otra serie de elaborados rituales. Su piel fue desollada y un joven, que se hacía pasar por la Madre Tierra, se puso todo el cuerpo menos un muslo. Se dirigió a otro templo, sacrificó cuatro víctimas y fue desterrado. El trozo de muslo era amarillo para simbolizar la nueva piel de la vegetación que pronto adornaría la tierra La quinta fiesta era la mayor del año y se celebraba cuando el sol estaba en lo más alto del cielo. La víctima principal era elegida un año antes y se le concedían doce meses de vida de lujo para recordar. Las tres últimas semanas las pasaba con cuatro hermosas "novias". El día de la fiesta sufría el destino habitual, y luego todo volvía a empezar con el turno de su afortunado sucesor.

Y así sucesivamente. Más sacrificios a la lluvia, más sacrificios a las aguas saladas, al fuego, a la caza y a la guerra. Cuando el maíz estaba casi maduro, se elegía a una joven, se la adornaba con túnicas y plumas rojas y amarillas y se la ponía a bailar durante toda la noche. Al amanecer, la decapitaban y cortaban la primera mazorca. Otra mujer perdía la cabeza para celebrar la cosecha, lo que marcaba el comienzo de otra serie de elaborados rituales. Su piel fue desollada y un joven, que se hacía pasar por la Madre Tierra, se puso todo el cuerpo menos un muslo. Se dirigió a otro templo, sacrificó cuatro víctimas y fue desterrado.

El trozo de muslo se convirtió en una máscara y se entregó al sumo sacerdote del dios del maíz. Sin embargo, sólo la llevó durante un breve periodo de tiempo antes de partir hacia el lugar designado para el descanso final de la piel: los confines del reino azteca.

Política de poder

. . .

Entre tanta sangre y sangre, el canibalismo de los aztecas parece casi incidental. Era una parte importante de sus rituales, pero no importante en sí misma. No hay pruebas de que a los aztecas les gustara comer carne humana ni de que mataran a la gente sólo para alimentarse. Tras el gran asedio de Tenochtitlan, en el que muchos de los habitantes aztecas murieron de hambre, los españoles se dieron cuenta, un tanto a regañadientes, de que su enemigo no se había aficionado a canibalizar a sus propios muertos.

Si México hubiera contado con animales de un tamaño decente, es muy posible que los aztecas hubieran "progresado", como tantas otras culturas, del sacrificio humano al animal. Pero los caballos se extinguieron, el ganado vacuno y ovejas desconocidas, búfalos y caribúes más allá del horizonte septentrional Ninguna cultura que se precie podría esperar mantener el sol en movimiento sacrificando simples pavos.

Hay quienes afirman que la religión azteca proporcionaba lo que cualquier religión tiene que proporcionar: una razón para morir. La mayoría de las víctimas creían, como sus asesinos, que los sacrificios eran necesarios para mantener el cosmos en movimiento. Habrían preferido cambiar de lugar, pero al menos aportaban su granito de arena. Hay otros que afirman que una tiranía manchada de sangre es como cualquier otra, y que la clase dirigente azteca utilizaba a sus dioses del mismo modo que otras clases dirigentes utilizaban a los suyos, como el modo más rentable de mantener aterrorizado a su pueblo y, en su caso, abastecido de carne fresca...

¡Hap! ¡Hap! ¡Hap!

Durante su conquista del mundo entre los siglos XV y XIX, los europeos se toparon con muchas otras culturas que hacían uso ceremonial del canibalismo. Los kwakiutl, que vivían en lo que hoy es el sur de la Columbia Británica, eran un caso clásico.

Su canibalismo no era más que un elemento de un conjunto muy complejo de comportamientos ritualizados, todos ellos destinados a proteger y beneficiar a la tribu.

En la adolescencia, cada varón kwakiutl se consagraba a uno de los dioses de la tribu. Esto tenía dos propósitos.

. . .

Por un lado, se animaba al dios de la tribu -como el sol azteca- a seguir protegiendo a la tribu y, por otro, el discípulo, al seguir los pasos de su maestro, tenía la oportunidad de adquirir algunos de sus atributos.

El más temible de estos dioses era Baxbakualauxsiwae (El-que-es-el-primero-en-comerse-al- hombre-en-la-boca-del-río). Baxbakualauxsiwae, que parecía un oso, vivía en las montañas, en una casa que siempre echaba humo rojo sangre. Tenía una esposa temible y ella tenía un esclavo temible; su vocación conjunta en la vida era suministrar carne humana a sus muchas bocas manchadas de sangre.

También contaba con ayuda especializada: un cuervo esclavo llamado Qauxqoaxualanlxsiwae que sacaba los ojos a picotazos, otro pájaro que podía partir cráneos con el pico y un gran oso pardo llamado Haialikilal que hacía las veces de cuidador. La iniciación como discípulo de Baxbakualauxsiwae -o Hamatsas- era un asunto largo. El iniciado tenía que pasar tres meses fuera de su aldea, aprendiendo a vivir como su padrino. Durante ese tiempo, debía visitar su aldea una vez disfrazado de Baxbakualauxsiwae, silbando y gritando "¡Hap! ¡Hap! Hap" (que se traduce aproximadamente como "¡Come! ¡Come! ¡Come!") e intentando arrancar trozos de la gente con los dientes. También tenía que curar con humo un cadáver momificado.

El día señalado, los Hamatsas existentes llegaban a la cabaña del iniciado y, por estricto orden de antigüedad, comían cuatro trozos cada uno. Se los tragaban enteros - estaba terminantemente prohibido masticarlos- y luego se les obligaba a vomitarlos con eméticos de agua salada.

A continuación se vadeaban y se sumergían en el agua, y toda la ceremonia culminaba con un prolongado baile. Al final, el nuevo iniciado tenía licencia para comer carne humana.

Utilizarlo era otra cosa. Aunque un Hamatsa podía, al menos teóricamente, devorar esclavos o cadáveres a voluntad, los desincentivos eran difíciles de ignorar. Después de tal comida - que era, en cualquier caso, el Hamatsa tenía prohibida la comida caliente o el sexo durante un año dieciséis días. Los Kwakiutls no se comían a sus semejantes por hambre Los Hombres Leopardo Lo mismo podría decirse de las Sociedades del Leopardo de Sierra Leona. También utilizaban el canibalismo como parte integrante de su ceremonia de iniciación, aunque en su caso se sacrificaba a una víctima inocente y se consumía realmente el cuerpo. El iniciado recibía una cena de carne humana y era enviado a la selva con varios compañeros para pasar una noche de bramidos ininterrumpidos. A la mañana siguiente, temprano, el grupo tendía una emboscada a la víctima, normalmente una adolescente proporcionada por la familia del iniciado, y la degollaba con un cuchillo ceremonial.

Se diseccionaba el cuerpo, se examinaban las vísceras en busca de presagios y se cortaba en porciones del tamaño de una comida para un festín tribal. La piel de la frente y la grasa de los riñones se utilizaban para crear una efigie ceremonial que se entregaba a la madre y el padre de la víctima.

Este ritual debía hacer "medicina" o magia, derramar la sangre de una persona por el bien general de la tribu. Es más que probable que los miembros de la sociedad realmente lo creyeran, pero igual de probable es que también disfrutaran de la ceremonia. Envolver el interés propio en complicados sistemas de creencias es uno de los hábitos humanos más antiguos.

Ritual

· · ·

Otro ritual asesino procede del país sudamericano de Guyana. Sus autores eran, y algunos dicen que siguen siendo, hechiceros tribales conocidos como Kainamas. Sus primeros ataques a la víctima elegida - cualquier alma desventurada que se encuentre en el camino equivocado del bosque en el momento equivocado - están destinados a incapacitar. Un cuello dislocado, una mano de dedos rotos... cualquier cosa que ralentice a la víctima y le deje un dolor duradero. El segundo ataque, que tiene lugar meses o incluso años después, implica la introducción de toxinas y objetos afilados en la boca y el ano.

Pocos días después de la muerte, el Kainama introduce un palo en el cadáver en descomposición, lo saca y lo chupa. Al parecer, este acto de canibalismo de bajo nivel es una parte esencial de todo el proceso, ya que se considera que asegura la protección celestial del Kainama frente a la ira de los parientes de la víctima.

Los dyaks de Borneo son famosos por ser cazadores de cabezas, pero no cazaban trofeos. En todo lo que hoy es Indonesia, la cabeza se consideraba la sede del ser esencial de una persona, de su "sustancia anímica". Esta sustancia, tan esencial para la vida, podía verterse en los campos, fertilizando así el grano y manteniendo viva a la tribu. Como señaló el antropólogo británico de principios del siglo XX E.O. James, "la caza de cabezas está motivada en gran medida por la idea de obtener sustancia del alma adicional para aumentar la productividad de la tierra e, indirectamente, la fertilidad de los hombres y mujeres de la tribu.

Aumenta la esencia vital de la aldea: de ahí que sea esencial adquirir el mayor número posible de cabezas. Al igual que los aztecas llevaban a cabo guerras para conseguir víctimas para los sacrificios, las expediciones de caza de cabezas se convierten en una práctica normal.

característica de la vida nativa" Iniciación Mau Mau

Más recientemente, los ritos de iniciación introducidos por los rebeldes Mau Mau en la Kenia de los años 50 contenían importantes elementos de canibalismo. Había ocho juramentos distintos para los ocho rangos diferentes del ejército Mau Mau, y las ceremonias que acompañaban a cada ascenso incluían todas algún tipo de alimento humano. Al recluta en bruto se le iniciaba suavemente con una mezcla de sangre de oveja y la suya propia; para cuando llegaba a general comía una mezcla de hombre blanco, hecha de huesos de muñeca pulverizados, sangre y excrementos. A los mariscales de campo se les alimentaba con los sesos y el corazón, respectivamente, de un hombre y un niño asesinados a tal efecto. Todo esto se hacía por "la magia con la que esperaban traer a los blancos… supremacía a su fin"

Comerse al enemigo

A eso de las doce, una larga procesión de hombres atravesó la estación [misionera] cargada de botín. Cincuenta hombres llevaban tantas cabras como les era posible.

Otros, menos afortunados, se llevaron redes, taburetes y plátanos. Mientras esto ocurría, como una especie de introducción a lo que vendría después, pasaron dos hombres, uno con un cuello humano en alto sobre una lanza, el otro con un brazo; ambos habían sido arrancados a un desafortunado hombre que había sido asesinado y abandonado en el campo.

Más tarde, nos horrorizó un espectáculo aún más espantoso. Volvía un grupo de guerreros que se había unido algo tarde a la persecución. Pasaron en fila india por delante de nuestra casa. En medio de la fila, tres hombres llevaban las partes restantes del cuerpo mutilado. Uno llevaba el tronco aún sangrante; había colgado el otro brazo a través de una gran herida en el abdomen y, suspendida de él, la espantosa carga se balanceaba a su lado. Otros dos cargaban con las piernas... Nos aseguraron que las cocinarían y comerían por la noche".

El enemigo había sido derrotado y, como ha sido habitual en algún momento en todas las partes del mundo, estaba a punto de ser consumido Esta escena en particular fue presenciada por un misionero llamado Walter Stapleton, que había establecido una misión bautista en la década de 1890 entre las temidas tribus Bangala de la cuenca del Congo. Admitió haber tenido pesadillas durante varias noches.

Por lo que se sabe, los bangalas se comían al enemigo sólo porque lo era. Los majeronas amazónicos y los kaleri nigerianos actuaban de forma muy parecida: cualquiera que se aventurara en su territorio era presa fácil para matar y comer. Los mangeromas del Amazonas tendían trampas en la selva, y el explorador Algot Lange, de finales del siglo XIX, presenció cómo una patrulla regresaba con los cadáveres de dos mestizos peruanos.

Una vez extraídas las manos y los pies, los cadáveres fueron llevados ante el jefe, que "asintió con la cabeza y sonrió". Se preparó un festín comunal y Lange se preguntó cuánto tiempo pasaría "antes de que se olvidaran de sí mismos y metieran mis propias extremidades en esas mismas ollas y sartenes".

El comercio de carne africana

Muchas tribus se comían a los muertos en los conflictos habituales entre ellas. Algunas utilizaban los cuerpos de los asesinados para complementar su dieta normal, mientras que otros buscaban más el beneficio, vendiendo a los presos que podían no comer en uno de los muchos mercados caníbales. Algunos apenas se preocupaban por comer y se concentraban en los beneficios, organizando incursiones en la selva en busca de carne humana vendible. Un misionero, el reverendo W Holman Bentley, que escribió a finales del siglo XIX, describió el comercio: "Remaban por el Lulongo, cruzaban el río principal cuando no soplaba el viento, remontaban [capturaban] el Mobangi y vendían su carga en algunas de las ciudades a cambio de marfil. Los compradores alimentaban a los animales hasta que estaban suficientemente gordos para el mercado, los descuartizaban y vendían la carne en pequeños trozos".

. . .

Para tales tribus, la carne humana era puro producto.

Otras se interesaban más por la experiencia culinaria e ideaban sus preparativos en consecuencia. Los códigos amazónicos solían hacer la guerra con el único propósito de comerse a sus enemigos. En Nueva Caledonia, las mujeres seguían a sus hombres al campo de batalla, cavaban sus hornos en la retaguardia y, suponiendo que los hombres salieran victoriosos, peinaban el terreno en busca de los cadáveres con mejor aspecto. A los guerreros que regresaban les gustaba la comida fresca.

Venganza más allá del asesinato

Por supuesto, los enemigos no siempre se encuentran en un campo de batalla. Matar y comer tiene un largo pedigrí político, sobre todo entre autócratas impulsivos. El antiguo gobernante chino Chou Wang se enfadó tanto por las críticas de varios altos funcionarios que mandó matarlos y servirlos Confucio, que parece tan pragmático en la mayoría de los tomos occidentales, dijo a aquellos cuyos padres habían sido asesinados que su venganza debía ir por el camino más allá de matar - el enemigo debe ser consumido in toto, incluso hasta los huesos.

· · ·

Canibalizar a alguien también se ha considerado siempre una forma maravillosa de expresar el desprecio más absoluto.

El miembro del grupo de resistencia palestino Septiembre Negro que asesinó al político jordano Wasfi Tal (responsable de la expulsión de los palestinos en 1970-1) sólo se mostró satisfecho después de haber bebido la sangre de su víctima.

Después de una masacre en las Nuevas Hébridas, dos misioneros se toparon con un espeluznante cuadro en la playa: un tronco humano en el oleaje, una cabeza en una canoa cercana y un par de brazos y piernas asándose en una hoguera La víctima era un jefe y, como pronto descubrieron los misioneros, se lo había buscado: unas semanas antes había atraído a dos hombres a su isla para asesinarlos y consumirlos.

La isla de Pascua parece haber tenido una cultura casi siciliana, en los que actos aislados de canibalismo -a veces llevados a cabo por las mejores razones culturales- dieron lugar a largas cadenas de represalias Después de comerse a alguien en venganza, a los comedores les gustaba abrir la boca a los familiares de las víctimas y comentar que "vuestra carne...".

se me ha quedado entre los dientes"

No es de extrañar que esto rara vez acabara con el asunto

En Nueva Guinea existía incluso una palabra, maiha, para designar a alguien que se comía en venganza por una comida anterior. La captura, exhibición y consumo de un maiha figuran en un relato del antropólogo de principios del siglo XX C.G. Seligmann sobre los habitantes melanesios de la isla. Los miembros de la tribu maivara interceptaron una canoa procedente de Wagawaga y tomaron prisioneros a sus tripulantes -un hombre y una niña-. Luego se dirigieron a casa vía Wagawaga, deteniéndose en alta mar para regodearse con sus cautivos desnudos y gritar los detalles de su inminente consumo. El hombre fue devorado inmediatamente y la niña fue adoptada por una mujer maivara.

Los enfurecidos wagawaga salieron en busca de un maiha. Entraron en territorio Maivara por la noche, rodearon una cabaña aislada y tomaron a su desafortunado habitante prisionero. Ahora les tocaba a ellos merodear mar adentro y lanzar insultos a su furioso enemigo. Una vez de vuelta en su territorio, se tomaron su tiempo para matar al prisionero, alanceándolo, hiriéndolo y cegándolo...

antes de asarlo en una hoguera de hojas secas de coco La masacre de Boyd

Los europeos rara vez eran testigos de un deporte tan atroz, pero los pasajeros que embarcaron en el bergantín Boyd para su viaje de Australia a Inglaterra en 1810 pudieron presenciar en primera fila su propia perdición.

Uno de los pasajeros era TeAara, hijo del jefe maorí Piopio. Se suponía que estaba trabajando para volver a Nueva Zelanda, y cuando se negó a hacer nada, el capitán Thompson lo mandó azotar. En cuanto el barco llegó a Whangaroa, el puerto natal del muchacho, TeAara se escabulló para contarle a su padre la humillación sufrida. Había que vengarse.

Tres días después, el capitán Thompson y otros cuatro hombres se dirigieron río arriba en su lancha. Buscaban árboles adecuados para talar e imaginaron que las canoas maoríes que iban detrás les proporcionaban escolta. Pero en cuanto desembarcaron, los europeos fueron atacados, asesinados, despojados de sus ropas y llevados al poblado maorí para un festín. Los asesinos esperaron a que anocheciera, se vistieron con las ropas de sus víctimas y regresaron al Boyd en la lancha. La mayoría de los demás europeos fueron sorprendidos, asesinados y descuartizados en cubierta, mientras unos pocos afortunados que escaparon observaban desde lo alto de las jarcias. Fueron capturados más tarde, cuando otro jefe maorí intentó intervenir en su favor.

No hubo final feliz para Piopio y TeAara. Tras remolcar el Boyd río arriba, buscaron armas en la bodega y subieron a cubierta los mosquetes y la pólvora que encontraron. Mientras uno de los hombres abría uno de los barriles de pólvora, Piopio golpeó juguetonamente un pedernal, haciéndose volar en pedazos a sí mismo, a su hijo y a la mitad de sus guerreros.

Cuando por fin llegó la misión de rescate europea, apenas quedaba nadie a quien rescatar o castigar. Sólo quedaban vivos cuatro de los diecisiete europeos: una mujer, un adolescente, un niño y un bebé. Los únicos restos del resto eran huesos con marcas de dientes esparcidos por el barco calcinado Castigo y disuasión El canibalismo ha servido a menudo como una forma adecuadamente dramática de castigar a un oponente o enemigo. La tribu nigeriana de los Sura, por ejemplo, se comía a criminales y adúlteros. Un jefe congoleño contó a su misionero local, el ya mencionado reverendo Bentley, que recientemente había matado y devorado a una de sus siete esposas. La mujer había violado tanto la ley tribal como la familiar, y él había decidido darle un escarmiento. Sus otras seis esposas habían disfrutado del festín...

En China, un gobernador provincial declarado culpable de deslealtad al Emperador podía ser asesinado y decapitado.

En algunos casos, su cabeza se servía a los demás gobernadores como premio a la lealtad. En una variación de este tema, el emperador Sui Yang Ti (circa 600) hizo arrestar a un funcionario llamado Hu Hsi-cheng por deslealtad, lo descuartizó, lo asó a la parrilla y se lo dio de comer a sus compañeros. Los que realmente se lo comieron fueron elogiados y colmados de regalos.

Los generales chinos que fallaban a sus amos políticos acababan ocasionalmente como comida, y los traidores declarados se arriesgaban a cosas peores. Nan-kung Wan y Meng Huo, que mataron a su señor Sung en 685 a.C., fueron troceados, encurtidos y guardados en un frasco. En algunos lugares y épocas, los prisioneros chinos ejecutados eran canibalizados, bien por el verdugo o por aquellos a quienes vendía los derechos.

A veces sólo se trataba de asustar a la oposición. El explorador francés del siglo XVI Jean de Lery reflexionó sobre los motivos de los tupinamba, una tribu caníbal del actual sureste de Brasil. Tras observar que tanto el gusto culinario como el ansia de venganza desempeñaban un papel importante, llegó a la conclusión de que la principal intención de los tupinambas era que "persiguiendo a los muertos y royéndolos hasta los huesos, infundirían miedo y terror en los corazones de los vivos". Es de suponer que el emperador chino tenía en mente el mismo efecto cuando invitó a sus gobernadores provinciales a darse un festín con la cabeza de su socio.

Salvajismo desenfrenado

Y luego estaba el sadismo. Los Bafum-Bansaw de África Occidental torturaban a sus prisioneros introduciéndoles aceite de palma hirviendo en el estómago y los intestinos.

. . .

La supuesta razón del doble enema era hacer la carne más suculenta; el horrible dolor era sólo un extra...

En las Islas Marquesas, a los prisioneros les fue aún peor. Según A.P. Rice: Les rompían las piernas [a los cautivos] para evitar que intentaran escapar antes de ser devorados, pero los mantenían con vida para que pudieran rumiar su inminente destino. Les rompieron los brazos para que no pudieran tomar ningún tipo de represalia por los malos tratos recibidos. Los marquesanos los arrojaron al suelo y saltaron sobre sus pechos de modo que les rompieron las costillas y les perforaron los pulmones, de modo que ni siquiera podían expresar protestas... Les introdujeron ásperas varas por los orificios naturales de sus cuerpos y lentamente les revolvieron los intestinos. Finalmente, cuando llegaba la hora de prepararlos para el festín, eran escupidos en largas varas que entraban por entre sus piernas y salían por sus bocas...". Resulta difícil entender por qué este tipo de trato tenía un efecto disuasorio, ya que todas las tribus de las islas aplicaban este tipo de castigo.

Transferencia

. . .

Cualquiera que fuera la motivación principal para comerse a un enemigo -venganza, ira, hambre o ventaja política-, a menudo existía una razón secundaria.

Al tomar la carne de otro cuerpo para el propio, el consumidor podía imaginar que se imbuía de las cualidades que ese cuerpo acababa de poseer: su poder, su sabiduría, su potencia sexual, su juventud. Los aztecas no eran los únicos que creían que la fuerza vital de sus víctimas podía transferirse mediante el consumo. De hecho, a la mayoría de la humanidad le ha parecido una idea de sentido común.

Las personas jamás nacidas en este planeta Los antiguos soldados egipcios lo creían. Lo creían los jinetes escitas y los aldeanos africanos. Los chinos parecían especialmente enamorados de la idea. Los funcionarios eunucos de la China de la dinastía Ming trataban de recuperar sus genitales dándose un festín con los cerebros de jóvenes vírgenes masculinos, que no eran enemigos en el sentido habitual de la palabra, pero que estaban encasillados para ese fin. No hay constancia de que funcionara La sangre y la carne humanas se utilizaban para aumentar la potencia sexual, y en la década de 1890 se sorprendió a soldados de Taiwán consumiendo esta última con ese mismo fin. Tanto en la Rebelión Taiping del siglo XIX como en la guerra civil del siglo XX, los soldados consumían corazones humanos para ganar fuerza, resistencia sexual o ambas cosas.

Muchas tribus africanas creían en la transferencia y organizaban sus menús en consecuencia. Los mambilas, los sura y los kukukuku guardaban los mejores cortes para sus niños y jóvenes guerreros, con la esperanza de aprovechar la fuerza de sus enemigos muertos.

Los ganawuri, los rubakuba y los zumperi hacían lo contrario, dándoselos a los ancianos para rejuvenecer.

Los aborígenes australianos bebían la sangre de sus mayores para absorber su fuerza y formar parte de la vida ancestral de la tribu. Cuando se trataba de enemigos, eran más literales: comerse su corazón transfería su fuerza y comerse su cerebro absorbía sus conocimientos...

El canibalismo como renovación

Comer a los enemigos muertos, aunque a menudo comprensible, solía hacerse por motivos egoístas. No se esperaba que el difunto se beneficiara de su propio consumo. El consumo de amigos y parientes, en cambio, solía tener un componente desinteresado. Los consumidores podían beneficiarse de la transferencia resultante ~ ya que las virtudes del difunto se transmitían a través de sus restos, pero los muertos también recibían cierta compensación cósmica.

Como decía un miembro de una tribu, era mejor estar dentro de un amigo caliente que enterrado en la fría tierra.

La práctica del canibalismo mortuorio parece haber sido más común en las tierras bajas de Sudamérica, aunque esto podría reflejar simplemente el enorme número de antropólogos del siglo XX que visitaron la región. Al fin y al cabo, la Amazonía era una de las últimas zonas del planeta en las que existían tribus "por descubrir" y culturas sin corromper.

En la década de 1970, un antropólogo que visitara a los guiaca en su tierra natal del Alto Orinoco todavía podía ver a los miembros de la tribu recoger huesos del fuego crematorio, molerlos con una mortero, y mezclarlos con sopa de plátano para las lamentaciones ceremoniales.

· · ·

Había variaciones sobre el tema. Algunas tribus asaban la carne de sus muertos, pero la mayoría se limitaba a los huesos. Los cashibos, los cobeus, los tarianos y los tucanos pulverizaban los huesos y los mezclaban con bebidas fermentadas como el caxiri (cerveza de mandioca). Estas dos últimas tribus desenterraban los cadáveres descompuestos un mes después del entierro y los dejaban en una enorme olla al fuego hasta que se reducían a una masa negra y carbonosa. A continuación, se molía hasta obtener un polvo fino que se mezclaba con el caxiri y se bebía por todos los presentes.

Los wari vivían -y siguen viviendo- en el oeste de Brasil, en lo más profundo de lo que queda de selva amazónica. No fueron descubiertos hasta la década de 1950, cuando aún practicaban diferentes tipos de canibalismo. Los intrusos enemigos -no reconocían otra clase- eran asesinados y devorados por las razones expuestas en el capítulo anterior. Sus cadáveres recibían un trato que expresaba hostilidad y odio. Pero los waris también comían la carne, los órganos y los huesos de sus propios muertos. Los trataban con amor y respeto.

¿Por qué se comían a sus propios muertos? No porque les gustara el sabor ni porque necesitaran carne. Consumir a los muertos era una muestra de compasión y respeto hacia sus familiares. Un cadáver-en-ser, enterrado o no, ofrecía un recordatorio constante de la pérdida, un foco para todos los recuerdos que prolongaban el período de duelo. Comerse el cadáver era comerse el duelo. También lo hacían para "complacer al espíritu del muerto"

Permanecer "dentro" de la tribu era mucho más agradable que dejarse pudrir bajo tierra A la gente no se le permitía comerse a sus propios parientes cercanos. Comían carne humana como un servicio para otras familias, y otras familias lo hacían por ellos. Un servicio, por otra parte, que a menudo no era demasiado agradable - el estado de descomposición de muchos cadáveres difícilmente permitía una comida de convivencia La realización de este servicio era un reconocimiento de las obligaciones sociales de un individuo, la propia práctica de una fuerza de cohesión social.

La práctica tiene sentido humano.

Mientras que nuestra cultura se ocupa de sus muertos de la misma manera que de su basura -quemándolos o enterrándolos-, los wari hacían con sus muertos lo que nosotros hacemos con las cosas que nos gustan: se las llevaban a la boca...".

. . .

Pero ya no. Los sacerdotes católicos, los evangelistas protestantes y los burócratas del gobierno que acudieron en masa a la tribu recién descubierta quedaron horrorizados por los hábitos caníbales de los waris e hicieron de su abolición una prioridad absoluta. Los recién diezmados waris -el 60% de la tribu murió pronto a causa de enfermedades para las que no tenían inmunidad- se horrorizaron ante este ataque a sus costumbres, pero no pudieron oponerse. No sé si puedes entenderlo", dijo un wari a la antropóloga Beth Conklin, "porque nunca se te ha muerto un hijo... pero es triste enterrar su cuerpo... hace frío en la tierra... seguimos recordando a nuestro hijo ahí, frío. Lo recordamos y nos entristecemos".

La indignidad de la decadencia

Estas costumbres estaban muy extendidas. Askenasy enumera a los escitas, tibetanos y varias tribus australianas entre los que consumían a sus muertos por piedad. A.P. Elkin, en su historia de los aborígenes australianos, describe una ceremonia funeraria en Queensland en la que el cuerpo, una vez extraídos sus órganos, se seca al sol.

La carne se come, el resto -los huesos secos y la piel-

se empaqueta en un fardo para enterrarlo, incinerarlo o colocarlo en un árbol hueco. El canibalismo se consideraba un rito muy honorable", afirma Elkin, "que sólo se utilizaba con personas de valor". Como en el caso de los wari, comerse a los muertos era una muestra de respeto y afecto.

Algunas tribus de África oriental guardaban la carne seca de sus parientes muertos para invitados especiales, que la rechazaban por su cuenta y riesgo. La tribu Bagesu de Uganda tenía un ritual para comerse a sus propios muertos que difería del ejemplo sudamericano en varios aspectos.

Los Bagesu insistían, en particular, en el secreto aparente.

Todos en la aldea sabían lo que ocurría, pero formaba parte del ritual fingir que no lo sabían.

John Roscoe, de la Royal Society, observó el proceso en funcionamiento. Cuando un hombre moría, sus parientes eran convocados a su casa para el período de luto, que comenzaba, a ser posible, la noche de su muerte. Cuando oscurecía, llevaban el cadáver a un descampado cercano y, al parecer, se lo dejaban a los chacales. Los parientes varones consolidaron esta ilusión escondiéndose cerca y haciendo ruidos de chacal. Esto servía para alertar a los demás aldeanos, que se aseguraban de no salir con sus hijos. Cuando caía la noche, las parientes más ancianas se acercaban al cadáver, lo troceaban y se llevaban a casa lo que necesitaban, dejando el resto para que lo consumiera la fauna local. Durante los tres, o a veces cuatro, días siguientes, escribió Roscoe, "los parientes guardaban luto en la casa en la que se había producido la muerte, y allí cocinaban y comían la carne del muerto, destruyendo los huesos con fuego y sin dejar nada" ¿Por qué decían que hacían esto?

Un pariente muerto obligado a sufrir la indignidad de la descomposición tendría toda la justificación para enfadarse, y sin duda volvería para atormentar a los vivos Comerlo preservaba su dignidad, evitaba el atormentamiento y proporcionaba comida a sus parientes.

Una mano amiga

Hacer un uso positivo de los muertos comiéndoselos no parece una idea tan descabellada Hacer un uso positivo de los vivos ofreciéndoles su carne como alimento parece mucho más extraño, pero en el pasado ha resultado casi igual de común. Los chinos, en particular, tienen una larga tradición de expresar lealtad y devoción dando de comer a sus esclavos, a sus parientes o a sí mismos.

En el siglo VII a.C. se produjo el famoso caso de I Ya, cuyo amo siempre estaba hambriento de nuevas experiencias culinarias. I Ya mató a su propio hijo, lo cocinó al vapor y lo sirvió en un plato. Otra leyenda antigua se refiere a una familia atrapada en un asedio. Un hombre estaba a punto de ser devorado cuando su mujer, temiendo que el linaje familiar acabara con él, se ofreció en su lugar. Otro tipo de sacrificio aparece en varias leyendas, como la del general que valientemente bebió una sopa hecha con su hijo, antes que traicionar a su país. Una situación insólita, pero conmovedora.

El cuerpo humano como botiquín

Los chinos solían alimentarse entre ellos por razones medicinales. Una antigua leyenda contaba que un emperador desterró a su hija por negarse a casarse y le envió un mensaje en el que le decía lo cerca que estaba de la muerte y lo mucho que necesitaba sus manos y sus ojos. Ella hizo los cortes necesarios y le envió las partes del cuerpo. Él las hizo moler, se las tragó y se curó. Su compensación fue el ascenso a diosa - Guan Yin, 'la de los mil ojos y brazos'.

Los donantes menos legendarios también se remontan muy atrás. Durante la dinastía Tang, una joven de Chekiang llamada Li Miao-ning supuestamente salvó a sus suegros enfermos cortando tres trozos de carne de su muslo y convirtiéndolos en una sopa reconstituyente.

No fue la única: los registros imperiales de la época recogen veinticuatro casos de ko ku o canibalismo por la familia, la mayoría con muslos y brazos, algunos con hígados y pechos.

Los médicos de la dinastía Tang quedaron impresionados; fue en esta época cuando la carne humana apareció por primera vez como remedio en los libros de medicina.

Otros eran menos partidarios. En 1261 se prohibió oficialmente la extracción del propio hígado, y nueve años más tarde los muslos se unieron a la lista de cosas prohibidas. Pero la gente siguió cortándose, creyendo más en la eficacia de la tradición que en la autoridad. Li Shengshan murió tras cortarse el hígado para su madre enferma; no se tiene constancia de su destino. Chang San-ai se cortó parte del hígado con una mano y detuvo la hemorragia con la otra; al parecer, tanto él como su madre sobrevivieron.

Otras historias tuvieron un final más triste. Cuando Chu Cheng-yu enfermó, su esposa Ts'ao se cortó carne de los brazos en un intento (que resultó fatal) de salvarle. Los padres de ella emprendieron acciones legales contra el marido y los padres de éste, alegando que habían obligado a Ts'ao al sacrificio. Otra serie de edictos imperiales prohibieron en 1652 el consumo médico de la carne de una mujer por su marido. En 1987 se denunció un caso de ko ku, pero la mujer afectada, a diferencia de sus antepasados, fue declarada mentalmente inestable.

Un anatema similar se aplica ahora al uso, antaño común, de partes del cuerpo recogidas de los muertos. En su clásico del siglo XVI Pen Ts'ao Kang Mu, Li Shih-chen identificó usos medicinales para treinta y cinco partes del cuerpo humano, pero hoy en día este canibalismo está muy mal visto. En 1995 se descubrió en Hong Kong un floreciente mercado ilegal de fetos humanos.

2

Canibalismo cultural

Menús

La receta caníbal tradicional, como sabrá cualquier aficionado a las películas en blanco y negro, puede resumirse en un par de frases. 'Coge un misionero entero y ponlo en una olla gigante.

Hervir hasta que esté listo". Como la mayoría de las versiones hollywoodenses de la realidad, esto es más que un poco simplista La raza humana ha dedicado tanto ingenio a la preparación y cocción de su propia carne como a cualquier otra forma de carne.

. . .

¿Qué seres humanos y qué partes de ellos se consideraban más sabrosas?

Eso dependía de dónde y quién te encontraras. Parece que la mayoría de las tribus caníbales preferían a las mujeres antes que a los hombres, y a los jóvenes antes que a los viejos, pero había excepciones. Los bele liberianos encontraban amargas a las mujeres, y a los maoríes les gustaban los hombres negros de unos cincuenta años. La preferencia por el negro sobre el blanco parece haber sido casi universal, quizá debido a la dieta más salada de este último.

En cuanto a las partes, es difícil encontrar una que no fuera considerada un manjar por una u otra tribu. En Fiyi se preferían el muslo y el brazo de una mujer, mientras que los Tangale africanos se especializaban en cabezas femeninas.

Como era de esperar, los pechos femeninos figuraban en muchos menús masculinos, y los genitales en general gozaban de gran popularidad. Los penes asados en ceniza caliente eran uno de los platos favoritos. Algunas tribus nigerianas valoraban las palmas de las manos, los dedos de las manos y de los pies, mientras que los ibos sentían una curiosa pasión por los nudillos. Los corazones y los cerebros eran opciones bastante universales, pero los ojos, las mejillas y los niños no nacidos eran gustos más singulares Preparación 'Había muchos métodos variados e imaginativos de preparación. Ya se ha mencionado el método Bafum- Bansaw de marinado por enema. Varias tribus remojaban su posible comida en agua durante varios días, ablandando así la carne y facilitando la extracción de la piel.

Los Bassange africanos comprobaban la eficacia del proceso cortando la cabeza y ofreciéndosela a las hormigas locales. Si comían, todo iba bien. Algunas tribus vertían agua hirviendo sobre los prisioneros para desollarlos -vivos, por supuesto- como preparación para matarlos y cocinarlos.

Otras preferían enterrar los cadáveres durante un tiempo y luego desenterrarlos; la mayoría eran disecados de una forma u otra, ya fuera desollados, destripados o cortados en pedazos.

La cocina adoptaba muchas formas. Algunos seres humanos se hervían en ollas, pero rara vez enteros El horneado era muy popular, a menudo en hornos de hoyo revestidos con piedras calientes. El asado era una práctica casi universal, aunque los métodos variaban. Los kjarawas de Nigeria, por ejemplo, envolvían los cuerpos en barro antes de colocarlos en el fuego, lo que tenía la ventaja añadida de eliminar todo el pelo. El asado al sol se utilizaba para cocinar a los vivos y a los muertos, sobre todo en el Pacífico. El secado al humo y el encurtido eran los métodos de conservación más comunes.

Los chinos tenían especial preferencia por la cocción al vapor, y sus albóndigas de carne picada eran tan populares en las épocas Yuan y Ming que se mencionan con frecuencia en las conocidas historias del Margen del Agua.

También eran expertos en escabechar a sus prisioneros de guerra, utilizando dos métodos principales: hai (picar y escabechar en vino) y t'so (picar y escabechar en sal). Los chinos siempre han variado sus métodos culinarios más que otras culturas, y se dice que los restaurantes chinos del siglo XI que servían carne humana ofrecían un menú muy completo: personas de todas las edades preparadas en una deslumbrante variedad de estilos...

· · ·

Las islas caníbales

Fiyi comprende más de trescientas islas repartidas en medio millón de millas cuadradas del Pacífico sudoccidental. Cuando los europeos se interesaron por primera vez en los asuntos de Fiyi, a mediados del siglo XIX, estas islas estaban divididas en muchos pequeños territorios, cada uno gobernado por su propio jefe. Estos territorios se agruparon en confederaciones siempre cambiantes, y las confederaciones, más bien a la manera de 1984 de Orwell, estaban casi constantemente en guerra entre sí. Estas guerras interminables no se libraban por el territorio, el botín o los esclavos, sino por la carne de los hornos. No en vano Fiyi era conocida como "las islas caníbales".

Misioneros

Existen numerosas pruebas sobre el canibalismo en Fiyi. Los misioneros llegaban, lo veían y enseguida escribían a casa pidiendo dinero. Cuanto más escabrosa era la imagen que pintaban, más dinero podían conseguir, y así lo hacían.

. . .

'.. SERES HUMANOS COCIDOS - ¡no uno, ni dos, ni diez, sino veinte, treinta, cuarenta, cincuenta en un solo festín! como informó un misionero casi con regocijo. Hemos oído de fuentes fidedignas que doscientos seres humanos fueron devorados en una de estas ocasiones". El autor de este llamamiento ha conversado con personas que han visto comer a cuarenta y cincuenta en una sola sesión, comidos sin nada parecido al asco; comidos, de hecho, con un alto grado de asco.

Los misioneros se dieron cuenta de que el canibalismo formaba parte de la vida de los fiyianos, pero parecían reacios o incapaces de preguntarse por qué. Tomaron nota de que los fiyianos aceptaban la práctica con los pies en la tierra, registraron las crueldades que implicaba la caza, la recolección y la cocción de los alimentos, y atribuyeron todo el asunto a la simple maldad.

Palabras como "diabólico", "repugnante" y "diabólico" ocupaban un lugar destacado en sus cartas a casa. Su evidente interés en exagerar el canibalismo fiyiano animó a algunos antropólogos posteriores a cometer el error contrario y negar su importancia para la cultura fiyiana.

Afortunadamente, la gran cantidad de testimonios históricos orales y arqueológicos que fueron apareciendo a lo largo del siglo siguiente demostraron que el canibalismo era crucial para el funcionamiento de la cultura fiyiana. Estas pruebas también confirmaron que las observaciones de los misioneros, aunque exageradas, malinterpretadas y teñidas de indignación moral, eran esencialmente exactas.

Cuestión de cultura

Tal vez fuera fácil confundir la aceptación del canibalismo por parte de los fiyianos con insensibilidad. Había un claro "¿por qué no?" en la actitud de los fiyianos, que no estaban de acuerdo con que hubiera nada cuestionable en su cultura culinaria. Los fiyianos comen carne humana no sólo por venganza, ni por necesidad, sino por elección", escribió el reverendo Cargill. Al observar una nueva entrega, observó que "los niños se divertían jugando con el cuerpo de una niña y mutilándolo. Una multitud de hombres y mujeres maltrataron el cuerpo de un anciano canoso y el de una mujer joven. Vísceras humanas flotaban río abajo..."

Johnston contaba que a los fiyianos "les encantaba la carne humana por sí misma", y que un hombre "ordenaba que apalearan a algún hombre o mujer que considecraba bueno para cocinar, alegando que le dolía la "muela de la espalda" y que sólo la carne humana podía curarla".

Johnston creía que esta actitud práctica hacia el canibalismo se explicaba, al menos en parte, por la falta de otro tipo de carne: el siguiente animal más grande del que disponían los fiyianos del siglo XIX era la rata. Para el antropólogo A.P. Rice, esto era razón suficiente: el canibalismo fiyiano era simplemente "un apetito muy natural por la buena carne roja".

Crueldad innecesaria

Los misioneros también quedaron impresionados por los niveles de crueldad que se mostraban. Cuando [la víctima es] a punto de ser inmolado", escribió Cargill, "se le hace sentarse en el suelo con los pies bajo los muslos y se le colocan las manos delante. Luego se le ata para que no pueda mover ningún miembro ni articulación. En esta postura se le coloca sobre piedras calentadas para la ocasión (y algunas de ellas al rojo vivo), y luego se le cubre con hojas y tierra, para ser asado vivo".

• • •

Otro misionero llamado Jaggar contó que los prisioneros eran obligados a cavar sus propios hornos y a recoger leña para su propia inmolación. Seru, el jefe Bau, les cortaba los brazos y las piernas, los cocinaba y se los comía. A continuación, ordenó que les clavaran un anzuelo en la lengua, que les sacaron todo lo posible antes de cortársela. Las asaron y se las comieron, ante las burlas de: "¡Nos estamos comiendo vuestras lenguas!"

Crueldad sin duda, ¿y con qué fin? Ninguno que los misioneros pudieran ver. A ellos les parecía crueldad por la crueldad, una prueba más de la depravación de los fiyianos, una gran cantidad de almas perdidas que llevar a casa del Señor. Apreciaban vagamente que los fiyianos tuvieran sus propios dioses, pero apenas se lo tomaban en serio: ¿qué podían saber esos salvajes de la verdadera religión?

Y aún más, ¿qué respeto se podía esperar que tuvieran por las religiones de los demás? En 1874, un oficial a bordo del HMS Challenger, H. N. Moseley, escribió en su diario que unos caníbales habían sido sorprendidos "arrastrando el cuerpo desnudo de la esposa de un misionero..."a través de la selva para comérselo". La forma en que los dioses lo vieron.

. . .

Para continuar con el relato de Cargill sobre el asado en vivo: "Una vez cocido, se le saca del horno y, con la cara y otras partes pintadas de negro, para que parezca un hombre vivo ornamentado para un banquete o para la guerra, se le lleva al templo de los dioses y, manteniéndole aún en postura sentada, se le ofrece como sacrificio propiciatorio".

Las cabezas, al parecer, se entregaban siempre a los sacerdotes para las ceremonias religiosas, que eran muchas y variadas. La botadura de una nueva canoa, por ejemplo, requería al menos un sacrificio humano y, como para los aztecas, el consumo formaba parte del proceso.

Para los fiyianos, era la parte más importante; el canibalismo era un componente crítico de la forma de vivir de los fiyianos.

toda la cultura funcionaba

Cuando los fiyianos iban a la guerra, matar a los enemigos tenía poco mérito; lo que contaba era acordarse de traerlos a casa. Como señaló un marino británico de paso: ``Se piensa mucho más en el salvaje que mata a un hombre y se lo lleva a casa que en el individuo que puede matar a cien y dejar que sus cadáveres caigan en manos del enemigo".

Llevar los cadáveres a casa era una ceremonia en sí misma. Con las extremidades atadas, los cuerpos pintados se ensartaban en palos, se llevaban a la aldea y se arrojaban a los pies del jefe y los sacerdotes. Las cabezas se abrían en la piedra de descerebrar fuera del templo, ofreciendo así sustento intelectual a los dioses. Los cuerpos se cocinaban y se comían, y las partes elegidas se entregaban al jefe y a los sacerdotes, cuya conexión privilegiada con los dioses les permitía entregar las almas enemigas para su destrucción.

El resto se repartió entre la gente, que compartió así tanto la carne como el mensaje

La evolución del canibalismo

La palabra "caníbal" apareció por primera vez el 11 de diciembre de 1492. Cristóbal Colón había recogido la palabra de los pacíficos arawaks, que utilizaban la palabra caniba -generalmente gruñido- para describir a sus belicosos vecinos los caribas o caribes. Los caniba", escribió Colón en su diario, "no son otros que el pueblo del Gran Khan, que debe ser vecino de éstos. Tienen barcos, vienen y capturan a esta gente, y como los que se llevan nunca vuelven, los demás creen que se los han comido".

Colón se equivocó con el Gran Khan -Mongolia estaba y está a cierta distancia del Caribe-, pero ¿se equivocó con los caribes? En su segundo viaje tuvo un encuentro cercano en la isla de Guadalupe. Una de sus partidas regresó con varias mujeres que insistían en que sus captores caribes eran caníbales. El propio Colón vio cráneos humanos y una cesta de huesos en un poblado abandonado, por lo que parecía muy probable que fueran caníbales.

Las pruebas se acumulaban. Al encontrarse con cuatro nativos sin miembros, los españoles decidieron que habían sido castrados para engordarlos. Se contaban historias de otras víctimas partidas en dos, con los miembros comidos y el resto salado. El hecho de que la salazón fuera desconocida en el Caribe hasta la llegada de los europeos fue un inconveniente, pero pronto se olvidó.

Los europeos no tardaron en discutir sobre qué carne preferían los caribes: inglesa, francesa, española u holandesa. Mientras tanto, los caribes morían en masa de enfermedades importadas sin saberlo por los europeos.

los europeos Comida mexicana

Treinta años más tarde, Cortés y sus colegas invadieron México. Los conquistadores esperaban lo peor, con la nariz agitada por el olor pagano de la sangre desde el momento en que desembarcaron. No les decepcionó. El camino hacia el interior de Tenochtitlan estaba plagado de templos sembrados de sangre y lleno de lugareños dispuestos a hablar de sus hábitos alimenticios. Al igual que Colón, parece que Cortés no tuvo problemas para entender el dialecto local, y estaba lo bastante seguro de que le entendían como para ofrecer una serie de sermones sobre la forma correcta de vivir: el sacrificio humano, el robo y la sodomía debían abandonarse de inmediato. El canibalismo nunca estuvo lejos de la mente de los conquistadores: "¡Qué ansiosos están estos traidores de vernos entre los barrancos para atiborrarse de nuestra carne!", escribió Cortés tras una emboscada, añadiendo que en la olla ya les esperaban sal, pimienta y tomates.

. . .

Los caribes y los aztecas eran caníbales entusiastas. Esto era muy conveniente para los invasores europeos, que querían y necesitaban pintar a los nativos como salvajes.

En parte por motivos ideológicos: la aparente superioridad moral de la cultura cristiana blanca podía utilizarse para justificar las conversiones forzosas, el robo de tierras, la colonización y, finalmente, el genocidio. También era puramente práctico: en 1503, la reina Isabel de España promulgó un decreto que establecía que sólo los nativos americanos caníbales podían ser esclavizados legalmente.

Siete años más tarde, el Papa Inocencio III proporcionó un revestimiento religioso a esta esclavitud del continente.

Declaró que el canibalismo era un pecado que merecía ser castigado por los cristianos mediante la fuerza de las armas.

Como era de esperar, empezaron a llegar testimonios de depravación caníbal de todas partes de América. Como era de esperar, no se hizo ningún esfuerzo para entender cómo el canibalismo en la cultura nativa americana, o cómo funcionaba como un componente de un sistema político- religioso que daba forma y sentido a la vida. El canibalismo de caribes y aztecas se denunciaba simplemente como prueba de su salvajismo.

Comer a Cristo

Sin embargo, ¿qué decir de la Eucaristía? El cristianismo había nacido en un acto de sacrificio que el.

Los aztecas lo habrían entendido al instante. El culto cristiano, además, todavía se centraba en este ritual - la Eucaristía - que era aparentemente totalmente caníbal.

Jesucristo se había sacrificado por la humanidad, como subrayó en la Última Cena: "Tomad, comed; esto es mi cuerpo que se entrega por vosotros", dijo refiriéndose al pan. Esto es mi sangre del nuevo testamento, que se derrama por vosotros", dijo del vino. Según Pablo, Jesús acompañó la fracción del pan y el paso del vino con la frase: "Haced esto en memoria mía", y los cristianos han seguido su mandato desde entonces. En la ceremonia de la Misa, los fieles consumen pan y vino -o sus sustitutos- en recuerdo y reconfirmación de su fe. Pero ¿eran el pan y el vino consagrados meros sustitutos simbólicos de la carne y la sangre de Cristo? ¿O se trataba de una auténtica transubstanciación, una transformación del pan y el vino en la carne y la sangre de Cristo? Las opiniones estuvieron divididas desde el principio. Un arzobispo de Constantinopla insistió en que Cristo "nos dio su cuerpo traspasado por los clavos, para que pudiéramos sostenerlo en nuestras manos y comerlo, como prueba de su amor", pero la mayoría de la opinión no estaba tan dispuesta a una interpretación tan literal. Esta situación duró hasta 1215, cuando el Papa Inocencio III se decidió unilateralmente por la transubstanciación.

No había nada simbólico en ello, dijo: el pan y el vino eran la carne y la sangre de Cristo Y esa ha sido la sentencia de Roma desde entonces.

La difusión temprana de esta doctrina tuvo un desafortunado efecto secundario. Tras recibir la noticia oficial de que el pan y el vino estaban "vivos", la gente se consternaba al ver que sus hostias sangraban. Siglos más tarde, se descubrió que la mancha roja ocasional provenía de un bacilo que se encuentra comúnmente en los alimentos rancios, pero los buenos cristianos del siglo XIII tenían una explicación más sencilla. Eran los judíos. Durante los dos siglos siguientes, comunidades judías enteras fueron torturadas y quemadas por sus crímenes contra la comida ceremonial de sus vecinos cristianos. Los pogromos sólo comenzaron a desaparecer cuando las brujas proporcionaron un objetivo alternativo.

La farmacia europea

La hipocresía se hizo notar. El siglo de Cortés también produjo al ensayista francés Michel de Montaigne, que dedicó una de sus obras más famosas a reflexionar sobre el canibalismo.

Tras recordar a sus lectores varios crímenes culinarios cometidos por los tupinambas (tribu indígena de Brasil), prosiguió: No lamento que nos demos cuenta del horror bárbaro de estos actos, pero lamento de todo corazón que, juzgando correctamente sus faltas, seamos tan ciegos ante las nuestras".

Montaigne

no se refería tanto a la Eucaristía como a la creciente costumbre europea de utilizar la carne y la sangre humanas en medicina. Nuestros médicos", escribió, "no dudan en utilizar cadáveres de muchas maneras, tanto interna como externamente, para curarnos".

Esta práctica ya había sido observada por los nativos americanos, que vieron cómo los españoles utilizaban grasa humana como ungüento para las heridas. El canibalismo medicinal tenía una larga historia tanto en Europa como en el Mediterráneo. La sangre aún caliente de los gladiadores que morían en la arena podía ponerse a la venta y ser comprada por epilépticos, y el escritor romano Plinio señaló la creencia egipcia en la sangre humana como cura de la lepra, creencia que persistió, con variaciones, durante la mayor parte de los dos milenios siguientes.

Un experto inglés insistía en la sangre de niños de dos años para tratar algunas dolencias, mientras que los que atendían al enfermo Luis XI de Francia se conformaban con cualquier niño. Sus súbditos guardaron este hecho en su memoria colectiva, y cuando, varios siglos después desaparecieron varios niños parisinos, se asumió generalmente que el actual Luis debía tener lepra.

Tradicionalmente, los reyes autocráticos han tenido pocos problemas para conseguir la sangre que creen necesitar.

Los plebeyos, sin embargo, tienen leyes de las que preocuparse. Una posible fuente legal de la materia era el verdugo local, que normalmente poseía los derechos de la sangre de sus víctimas.

Los criminales ejecutados eran una especie mucho más común en siglos pasados, y se podía recoger una cantidad considerable de sangre de los numerosos cuerpos decapitados. En Dinamarca, se decía que los epilépticos se agolpaban en torno al cadalso, copa en mano.

La sangre también se utilizaba como ingrediente en medicina. Arnald de Villanueva, el alquimista al que se atribuye la invención del whisky, también inventó una poción curativa con un ingrediente mágico: la sangre de hombres sanos de entre veinticinco y treinta años. Había que recogerla -no se sabe cómo- en primavera y destilarla varias veces con zumo de frutas y flores. El producto final garantizaba la supervivencia de un moribundo durante su confesión final.

La carne, los huesos y los órganos humanos también se utilizaban en la medicina europea. Artritis, ciática, infertilidad, verrugas y manchas cutáneas eran sólo algunas de las afecciones que supuestamente respondían a la magia del canibalismo médico. Durante la mayor parte de los siglos XVI y XVII, estas nociones constituyeron la corriente principal del pensamiento médico europeo, y las farmacias de la época estaban repletas de restos humanos secos y en polvo.

En Londres, uno de los medicamentos más populares era la "momia", elaborada a partir de un cuerpo humano embalsamado. Los hombres jóvenes y pelirrojos que habían tenido una muerte violenta se consideraban ideales (pero es de suponer que no se presentaban tan a menudo). Por lo general, el cadáver se exponía al buen tiempo durante un par de días antes de la disección, y luego se rociaban los trozos con mirra y áloe. Empapado en vino y secado en un lugar sombreado, se decía que curaba casi cualquier cosa ¿De dónde procedían todos los cadáveres? Los criminales ejecutados abundaban, pero no tanto. La respuesta era la importación desde Egipto, que por alguna razón tenía cadáveres de sobra. A lo largo de los siglos XVI y XVII, los europeos abastecieron su necesidad de partes de cuerpos humanos procedentes del Mediterráneo, mientras seguían castigando a los nativos americanos recién conquistados por su terrible adicción al canibalismo.

Y la hipocresía no fue el único delito de los europeos.

. . .

Consumían su carne humana como pulcras recetas individuales despersonalizadas en pos de la salud individual.

A diferencia de los llamados "salvajes", su canibalismo no tenía relevancia social ni propósito religioso. No mantenían el sol en movimiento a través del cielo, sólo creaban una nueva línea en las mercancías.

La pasión de los recién convertidos

A finales del siglo XVIII, las tendencias de la medicina dominante empezaron a inclinarse hacia la escuela galenista, de mentalidad más científica. Sustancias naturales como las hierbas, las sanguijuelas y la carne humana pasaron de moda en la medicina, dejando a Europa esencialmente libre de caníbales. Los administradores y misioneros coloniales del siglo XIX podían zarpar hacia las tierras de los paganos con las mismas intenciones y el mismo mensaje que Cortés, pero con la conciencia mucho más tranquila. Y cuando se encontraban con el canibalismo, su respuesta era muy parecida. Explicaron, con una paciencia impregnada de arrogancia, que los blancos y los cristianos -los dos eran, por el momento, considerados prácticamente sinónimos- no soportaban ese tipo de comportamiento. Y si los pueblos indígenas de África, Asia y el Pacífico aspiraban, como sin duda debían, a las bendiciones de la civilización, más les valía acabar con el canibalismo...".

Prácticas Al igual que Cortés, los nuevos colonialistas habían encontrado una excusa para su presencia; un imperativo moral para enmascarar el saqueo de continentes. De hecho, insistieron tanto en el canibalismo que antropólogos de finales del siglo XX como William Arens llegaron a la conclusión de que nunca había existido. Su incapacidad para apreciar que el canibalismo, en el momento y lugar adecuados, podía tener sentido cultural, le llevó a la conclusión de que era un mito El canibalismo era "una impresión, una forma etnocéntrica de ver el mundo"; reflejaba una "visión negativa de la cultura no occidental".

Era, en efecto, una leyenda esencialmente racista urdida por los colonialistas blancos para justificar su hegemonía mundial.

. . .

Un auténtico mito de la época -el estilo de vida benigno y cercano a la tierra de los nativos americanos, los tibetanos y otros nobles salvajes rousseaunianos- proporcionaba una dulce confirmación. ¿Cómo podían ser caníbales pueblos con tanta filosofía y sentido de la moda?

Tradición histórica del canibalismo

Ya estaba al alcance de la mano una forma mejor de corregir la identificación europea del canibalismo con el color de la piel.

A finales del siglo XX, las nuevas tecnologías proporcionaban un flujo constante de pruebas arqueológicas que demostraban lo contrario. La larga historia del canibalismo en Europa se podía leer en los huesos antiguos de los hombres.

El tejido óseo vivo es blando y se cura con el tiempo. El tejido óseo muerto no se rompe, sino que se hace añicos. Así que los huesos con roturas limpias que no han cicatrizado es probable que se rompieran en torno al momento de la muerte. No hay muchas explicaciones para este tipo de fracturas, pero el procesamiento de un cadáver como alimento es claramente una de ellas.

· · ·

La excavación arqueológica de Gran Dolina, en el norte de España, ha proporcionado más de tres cuartas partes de los restos humanos datados entre hace 100.000 y 1,5 millones de años. Un grupo de restos fósiles desenterrados a mediados de la década de 1990 fue especialmente revelador: los huesos palidecían. ¿Por qué ha ocurrido esto? ¿Y por qué esa extraña insistencia en llamar al canibalismo el "tabú más antiguo", cuando es claramente cualquier cosa menos eso?

Algunos afirman que la evolución de la mentalidad judeocristiana -y, en particular, la noción del Juicio Final- hace esencial que el cuerpo permanezca íntegro más allá de la muerte. Ambos constituyen asesinato, y el asesinato, más o menos en todas partes, era y es tabú pálido.

¿Por qué ha sucedido esto? ¿Y por qué esa extraña insistencia en llamar al canibalismo el "tabú más antiguo", cuando es claramente cualquier cosa menos eso?

Algunos afirman que la evolución de la mentalidad judeocristiana -y, en particular, la noción del Juicio Final- hace esencial que el cuerpo permanezca íntegro más allá de la muerte. En este sentido, descuartizar cadáveres para alimentarse es tan censurable como matar a una persona viva con el mismo objetivo. Ambos constituyen asesinato, y el asesinato, más o menos en todas partes, era y es tabú

atención se estableció en - lo has adivinado - el esclavo africano. Se decidió por sorteo, aprobado por el capitán, y con toda probabilidad fijo: se fusiló al esclavo. Una parte de la carne se cocinaba para su consumo inmediato, otra se conservaba en vinagre para su posterior consumo.

Lo que siguió no está claro. Según un relato, uno de los marineros se comió crudo el hígado del esclavo y se volvió loco. Según la mayoría de los relatos, toda la tripulación no se encontraba en mejor estado, ya que habían bebido toda la carga del barco y grandes cantidades de agua de mar.

Una vez consumido el esclavo, se ordenó un segundo sorteo que, a falta de un chivo expiatorio adecuado, se llevó a cabo con justicia.

El marinero más popular del barco sacó la pajita más corta, y se le concedió un indulto de doce horas por simpatía. Un barco de rescate apareció en el horizonte cuando aún faltaban un par de horas.

Llevados a Dartmouth, en Devon, los supervivientes no encontraron más críticas que sus predecesores en la galera de Nottingham. La ficción de la lotería justa no fue cuestionada - en 1766 el hecho de que la vida de un negro valiera tanto como la de un blanco era una opinión que sólo sostenían unos pocos.

La Méduse

En junio de 1816, la fragata francesa La Méduse (Medusa) zarpó hacia el puerto de San Luis, en la colonia senegalesa de África Occidental, con una dotación de unos 400 tripulantes, soldados y aspirantes a colonos. Debido a la incompetencia de su capitán, el barco encalló en los arrecifes de la costa noroccidental africana y tuvo que ser abandonado.

Los seis botes salvavidas disponibles sólo tenían capacidad para 250 personas, por lo que se construyó una balsa para las 150 restantes. El capitán y los oficiales superiores ocuparon los botes salvavidas, alegando que sus conocimientos náuticos eran necesarios para poner a salvo la balsa.

Entonces alcanzaron llegaron a la conclusión de que el peso muerto de sus congéneres les estaba retrasando innecesariamente y soltaron la balsa. Los 150 se quedaron sin comida, con unos pocos barriles de vino y sin medios para mover o dirigir su plataforma apenas flotante.

Veinte personas murieron la primera noche, arrastradas por la borda o ahogadas con los pies atrapados en las tablas. Al día siguiente se consumió mucho vino y, al caer la noche, la gente empezó a luchar por las posiciones más seguras en el centro de la balsa. Un hombre perdió completamente la cabeza y empezó a cortar las cuerdas que sujetaban la balsa.

Los intentos de los oficiales subalternos por reducirlo se convirtieron rápidamente en una batalla a gran escala, con sables y cuchillos golpeando en la oscuridad a todo lo que se movía. Por la mañana, sesenta y cinco personas habían muerto y la mayoría de los supervivientes presentaban heridas de diversa gravedad.

Tal vez sobrios por la carnicería, intentaron pescar, pero o bien sus sedales quedaron atrapados bajo la balsa o sus bayonetas resultaron demasiado lentas para la presa.

. . .

Después de masticar un rato sus cinturones y sombreros de cuero, finalmente se dieron por vencidos y empezaron a descuartizar la abundante provisión de cadáveres.

Según uno de los pocos supervivientes, el cirujano Savigny, algunos "se negaron a tocar la horrible comida" (The Times, 17 de septiembre de 1816), pero al día siguiente algunos oficiales subalternos consiguieron hacerla más apetitosa haciendo un fuego con pólvora, trapos secos y un polvorín. De ellos, trece parecían condenados, y los otros quince, "tras largas deliberaciones", decidieron que una inmediata la selección ayudaría a conservar las reservas de vino que quedaban. Los que no se consideraban aptos eran arrojados por la borda. Savigny escribió más tarde: "Desviamos la mirada y derramamos lágrimas de sangre sobre el destino de estas infelices criaturas" (The Times, 17.9.1816)

Una semana después, recogieron a los supervivientes.

Savigny y otro hombre, el ingeniero naval Corréard, intentaron obtener una indemnización del gobierno francés.

Afirmaban, con razón, que toda la tragedia se había desencadenado por la incompetencia y cobardía del capitán del navío. El gobierno francés se negó a aceptar que el capitán y los oficiales del barco, de buena cuna, hubieran obrado mal, y expulsó a Savigny y Corréard del servicio gubernamental. Se vengaron escribiendo un libro sobre el asunto, y uno de sus lectores, Théodore Géricault, lo convirtió en una de las obras maestras del arte romántico.

Su inmenso lienzo La balsa de la Medusa adorna el Louvre de París El Essex.

El ballenero Essex, de Nantucket, pasó a la posteridad de otra forma: su historia apareció en Moby-Dick, de Herman Melville, como el Pequod. El barco zarpó de su puerto en agosto de 1819 y en noviembre de 1821 ya estaba cazando ballenas en las vastas extensiones del Pacífico sudoriental.

Tres ballenas habían muerto cuando una cuarta contraatacó con un efecto devastador, embistiendo al ballenero y clavándose en su proa. La tripulación tuvo tiempo de botar sus tres botes salvavidas y cargarlos con pan, agua dulce y material para fabricar velas. Temerosos de acabar en islas pobladas por caníbales, se acordaron incluso de llevar mosquetes y pólvora. En el pánico del momento sólo parecen haber olvidado una cosa: las cartas y los instrumentos de navegación que necesitaban para llegar a tierra.

Poco a poco fueron consumiendo el pan, reduciendo la ración diaria a casi nada con el paso de los días y las semanas. Se acabaron el agua y empezaron a beber su propia orina Un mes después de partir desembarcaron en la deshabitada isla de Henderson, que resultó deprimente por la falta de alimentos o agua. Navegando de nuevo hacia el este, la pequeña flotilla se vio separada por una tormenta.

Las dos embarcaciones bajo el mando del capitán continuaron en dirección este, con sus tripulaciones sufriendo cada vez más a causa de la desnutrición, la deshidratación y las quemaduras solares. El 20 de enero, dos meses después de que la ballena hundiera el Essex, murió un tripulante negro llamado Lawson Thomas. Los demás tripulantes utilizaron las técnicas aprendidas con los cadáveres de ballena para descuartizarlo. Hicieron una hoguera en el fondo de un barco, asaron su carne y sus órganos, y los repartieron para su consumo.

. . .

En los ocho días siguientes murieron otros tres marineros, dos negros y uno blanco. Todos fueron cocinados y devorados. En los dos botes quedaron siete hombres, sólo uno de ellos negro. Durante esa noche, el bote que lo contenía a él y a dos marineros blancos desapareció para no volver a ser visto. En el bote restante, el capitán Pollard y tres jóvenes marineros -uno de ellos su primo, Owen Coffin- consumieron lo que quedaba del último cadáver. El 6 de febrero ya no quedaba carne y sortearon quién debía morir para alimentar a los otros tres. Coffin perdió. El capitán se ofreció a ocupar su lugar, pero Coffin se negó y fue debidamente asesinado.

Al llegar a casa en agosto, descubrieron que los tripulantes del tercer barco también habían canibalizado a sus muertos para sobrevivir. A Pollard le quedaba una terrible tarea. Tenía que decirle a su tía que había matado y comido a su hijo.

La Mignonette

El caso Mignonette fue interesante porque, por primera vez, se cuestionó la legalidad del canibalismo en alta mar, la "costumbre del mar", como se la llamaba ahora con un mínimo de ironía.

· · ·

El barco era un yate de 52 pies que un australiano había comprado en Inglaterra pensando en llevarlo a su país. Pagó a un tal capitán Dudley 200 libras para llevar el barco a Australia, y Dudley contrató a dos marineros (Stephens y Brooks) y a un grumete de diecisiete años (Richard Parker) para formar la tripulación. Zarparon de Southampton el 19 de mayo de 1884 y llegaron a Australia en relativamente poco tiempo.

buen tiempo por las costas de España y África, cruzando el ecuador a mediados de junio.

La tripulación dañó la parte inferior del bote en su prisa por botarlo, y se encontraron con sólo dos latas de verduras en un barco que requería achique constante. La lluvia era su única fuente de agua potable.

Al decimosexto día todos estaban hambrientos y el grumete deliraba por beber agua de mar.

El capitán Dudley propuso a los otros dos que matar y comerse al chico era su única posibilidad de sobrevivir. Brooks se negó a participar en el plan, pero Dudley y Stephens, que tenían familia, acordaron matarlo si al día siguiente no llovía ni se veían las velas. No fue así. Dudley degolló al chico, supuestamente después de rezar pidiendo perdón, y el cadáver fue devorado La lluvia cayó constantemente hasta que, una semana después, otro barco, el carguero alemán Montezuma, apareció en el horizonte. En su largo viaje de regreso a Inglaterra, los tres hombres debieron de pensar en inventar una explicación menos condenatoria de la muerte de Richard Parker, pero al llegar a Falmouth se limitaron a decir la verdad. Los tres comparecieron ante los magistrados acusados de asesinato. Brooks fue puesto en libertad, pero los otros dos fueron enviados a juicio en medio de un gran revuelo publicitario. La opinión pública, en su mayor parte, estaba de su parte, y un llamamiento público dio sus frutos.

Su abogado defensor presentó un batiburrillo de argumentos atenuantes. En condiciones desesperadas, afirmó, las leyes son irrelevantes. En condiciones tan desesperadas como éstas, argumentó, los individuos ya no son responsables de sus actos, un precursor del actual alegato de demencia temporal "mientras el equilibrio mental está perturbado". En un momento dado, también parecía defender la idea general de que los seres humanos son débiles y que no hay mucho que hacer para evitarlo.

Su mejor argumento, sin embargo, era que el asesinato de Richard Parker había beneficiado a la mayoría; que un hombre -o un niño- había muerto para que otros tres pudieran vivir...

Evidentemente, al juez no le gustó cómo iban las cosas y quitó la decisión de las manos del jurado. El caso se trasladó a otro tribunal, presidido por cinco jueces. Tampoco les gustó mucho la defensa de "necesidad". Si se admitiera, un hombre que se estuviera muriendo de hambre tendría derecho a robar comida. No según mi código moral, coincidieron todos. Dudley y Stephens fueron condenados a muerte, y la cuestión quedó clara. Una vez asimilado, la Corona pudo intervenir con un indulto y reducir las condenas a seis meses.

El Dumaru

El Dumaru era un barco de vapor de madera construido, bastante mal, en Portland, Oregón. Con el fin de ahorrar dinero, se utilizaron maderas verdes sin curar en la construcción, y las maderas verdes sin curar, como todo marinero sabía, eran propensas a deformarse en los trópicos. De hecho, el Dumaru parecía estar maldito desde el principio.

. . .

Al ser botado, fue enviado por el Willamette...

La historia del barco y de su última tripulación fue contada con fruición melodramática por Lowell Thomas. Era el escritor fantasma de Fritz Harmon, uno de los ingenieros que tuvo la desgracia de servir a bordo del Dumaru. El barco hizo su último viaje en 1918, y la mayoría de la tripulación, según Harmon, eran bolcheviques empedernidos u hombres que escapaban de una temporada en el ejército francés.

Zanjas

Irónicamente, el barco en el que se habían enrolado transportaba explosivos a través del Pacífico. Avanzaba lentamente hacia el oeste desde San Francisco hasta que, a una hora de Guam, se encontró con una tormenta eléctrica.

Un rayo provocó un incendio incontrolable y la tripulación se apresuró a tomar los dos botes salvavidas y una balsa salvavidas. Consiguieron poner suficiente distancia entre ellos y el condenado Dumaru antes de que explotara, pero eso, para algunos de ellos, fue el final de las buenas noticias. Un bote salvavidas llegó a tierra y la balsa fue recogida, pero el segundo bote quedó a la deriva en el Pacífico occidental durante veinticuatro largos días.

Al parecer, sus ocupantes se dividieron por clases: los oficiales, superados en número pero mejor armados, se enfrentaron a una mezcla de marineros amotinados, "filipinos" y otros personajes que parecían sacados de una mala película. Tras varios días sin comer, uno de estos últimos, un personaje llamado Jorge el Griego, encabezó un motín. El jefe de máquinas acababa de morir y se tomó la decisión de comérselo. Thomas/Harmon retoma la historia: "Endurecidos ante el sufrimiento y viendo la muerte en su peor momento, aun así no nos quedamos del todo sin sentimientos. Yo fui uno de los muchos que tuvieron que apartar la mirada cuando el griego retiró la cabeza y colocó otras partes en la caldera de la lata de galletas. Se burló de nuestra timidez y nos llamó para que presenciáramos su acto, preguntándonos en su inglés entrecortado si éramos gallinas u hombres". Una vez que la caldera estaba medio llena de carne, la cubrieron de sal y prendieron fuego, utilizando las bengalas que quedaban para encender el combustible que quedaba. Las llamas iluminaron el barco. El griego y los pequeños lobos filipinos acuclillados junto al fuego mientras esperaban a que hirviera el contenido de la lata no ofrecían un espectáculo agradable..."

. . .

Tal vez embotados por una buena comida, el griego y sus compañeros fueron dominados durante la noche y se restableció el orden natural. Enfrentados a los restos del ingeniero jefe, los oficiales descubrieron que eran unos lobos. La idea de los amotinados, al parecer, no había sido del todo descaminada.

Decidimos seguir adelante con lo que había empezado el griego, ya que tras una consulta entre todos los demás manos blancas se acordó mutuamente que era el único medio posible de salvar nuestras vidas, y para nuestros camaradas era un destino no mucho peor que ser devorados por los tiburones".

Lo que quedaba en la lata se hervía en un caldo y se servía en tazas de esmalte y un achicador de madera. La carne absorbía la sal del agua de mar en la que se hervía, por lo que el caldo no tenía sal y su sabor no era desagradable. La carne era como ternera dura. Las tazas y el achicador se llenaban y pasaban a cada hombre hasta que la lata quedaba vacía. Era a la vez comida y bebida para nosotros.

. . .

Nos daba nueva vida".

El siguiente en morir fue un hawaiano con el improbable nombre de Honolulu Pete. Como otro hombre, Ole Heikland, parecía a punto de morir, se sugirió inmediatamente que se le suministrará la sangre del cuerpo aún caliente de Pete. Le quitaron la cabeza, transfirieron la sangre, cada vez más espesa, a una lata vacía de queroseno y la diluyeron con agua. Le llevaron una taza a Heikland y se la pasaron por los labios. Al preguntarle si se sentía mejor, dijo: "Dame...".

Tras este testimonio, todos tomaron una taza

Honolulu Pete siguió al jefe de máquinas hasta la caldera de latas de galletas. Se turnaron para descuartizarlo mientras la cabeza "rodaba por el fondo del barco". La llegada de la luz del día ofreció un espectáculo memorablemente espantoso: "un cuerpo sin cabeza, medio inclinado, medio sentado contra el costado del barco; sin brazos y con la carne arrancada de las piernas, tenía el aspecto de un espantapájaros a medio hacer, ya que los pies aún estaban en los zapatos".

. . .

Cuando Thomas/Harmon publicaron su relato, fueron acusados de exageración, pero la historia, con casi los mismos detalles, también se puede encontrar en la sección de archivos de la División de Inteligencia del Departamento de la Marina de los EE.UU. en Washington, D.C.

En el Mar de China Meridional

A finales de mayo de 1988, un junco motorizado de cuarenta y cinco pies, ya con fugas, se deslizó por uno de los canales del delta del Mekong y se adentró en el mar de China Meridional. A bordo viajaban 110 presuntos fugitivos de Vietnam. Cada uno había pagado una onza de oro por el viaje de ida a Malasia.

Los organizadores habían previsto un máximo de seis días para llegar a la costa malaya, y habían previsto económicamente un día menos. Al tercer día, el motor del junco se averió. Al quinto, se agotaron los víveres y el agua. Como muchos de sus predecesores en estas páginas, el junco quedó a merced del viento y la corriente.

A diferencia de muchos de sus predecesores, el junco no fue abandonado a su suerte, aunque bien podría haberlo sido. El primer encuentro de la nave siniestrada con ayuda potencial se produjo cinco días después: un carguero japonés pasó a menos de cien metros de los ahora desesperados refugiados. Doce de ellos saltaron al mar y nadaron hacia el carguero, que siguió avanzando. Los doce murieron ahogados.

En el siguiente encuentro participó un buque de la marina estadounidense, el transporte anfibio Dubuque, de 8.600 toneladas. Lo que ocurrió exactamente durante este encuentro se convirtió en objeto de serias disputas. Al parecer, el buque estadounidense se dirigía, en misión urgente, al lejano Golfo Pérsico. El capitán Balian afirmó posteriormente que él no había subido a bordo del junco, pero que sus pasajeros se encontraban en "relativamente buen estado". También negó que uno de sus oficiales subalternos hubiera prometido a los refugiados que en dos días llegaría un barco de rescate.

Los refugiados que sobrevivieron contaron una historia diferente. Según Dinh Thuong Hai, uno de ellos murió durante las dos horas que duró el encuentro con el Dubuque y fue arrojado por la borda a la vista del barco estadounidense. De hecho, se vio a varios marineros estadounidenses haciendo fotos del cadáver en el agua. No había duda de que los estadounidenses sabían lo desesperados que estábamos", dijo Dinh más tarde. Tras entregarnos seis cajas de carne enlatada y doce galones de agua dulce, los estadounidenses zarparon sin molestarse siquiera en comprobar si podían ayudarnos con el motor averiado. Parece probable que los capitanes de la marina estadounidense de la zona tuvieran instrucciones de no recoger refugiados, pero al menos otros cuatro barcos estadounidenses lo hicieron ese mismo año. Sus capitanes parecen haber antepuesto la humanidad común: Al parecer, el capitán Balian estaba hecho de un material "más duro".

En la chatarra dos veces despreciada, un refugiado, un ex boina roja survietnamita llamado Phung Quang Minh, se hizo cargo. Razonando que los nuevos suministros de comida y agua sólo tenían que durar dos días, los racionó en consecuencia. Cuando la ayuda prometida no llegó, los refugiados se quedaron sin nada.

Empezaron a morir a intervalos regulares. Phung dijo más tarde que todos decidieron el vigésimo octavo día en el mar "utilizar a los moribundos para ayudar a los vivos".

También admitió haber matado al menos a un refugiado por comida, un treintañero llamado Dao Cu Cuong.

. . .

También asesinó a un niño de doce años, Pham Quy, y quizá a otros dos. Todos los pasajeros fueron obligados a comer", declaró Dinh. Nos decían que teníamos que comer para mantenernos fuertes, y...

si no lo hiciéramos seríamos los siguientes"

Cuando los pescadores filipinos rescataron finalmente el junco el 28 de junio, sólo quedaban con vida cincuenta y dos de los refugiados. Phung y otros nueve fueron detenidos y encarcelados, pero las autoridades filipinas no tardaron en darse cuenta de que no tenían jurisdicción sobre los delitos supuestamente cometidos en aguas internacionales. El propio Phung no se arrepintió. Yo sólo era un hombre que pensaba con más claridad que los demás", dijo. Tuve que hacer lo que hice para mantener con vida a toda la gente.

No tenía otra opción".

. . .

Queda la pregunta persistente: ¿por qué era necesario matar al menos a dos de los refugiados, cuando ya había tantos cadáveres disponibles?

Sin duda, el capitán Balian se había enfrentado a una elección clara, y la Marina estadounidense decidió que había elegido mal. Fue juzgado en consejo de guerra por "abandono del deber".

Perdido en tierra Encontrarte perdido en tierra sin una fuente de alimento es probablemente más desafortunado ~ y más difícil de hacer - que encontrarte perdido en el mar en una situación similar Pocos lugares en tierra firme carecen por completo de alimentos o agua, y quienes deciden visitarlos tienden a hacer las maletas en consecuencia. Para acabar en un desierto tan implacable sin las provisiones necesarias hay que tener una mala suerte espectacular o ser un ignorante equivocado.

El grupo Donner

Los ochenta y siete emigrantes de la caravana de George Donner que se dirigían a California tenían un poco de ambas cosas. Tuvieron mala suerte con los consejos que recibieron -un "atajo" a través de las montañas Wasatch les costó semanas que no tenían- y fueron imprudentemente estúpidos al intentar cruzar las montañas de Sierra Nevada tan avanzado el año. De hecho, quince de las veintitrés carretas que salieron de Missouri habían llegado a uno de los dos campamentos a 2.000 metros de altura a principios de noviembre de 1846.

Entonces empezó a nevar, inmovilizando las carretas. Se intentó continuar a pie, pero se abandonó después de cuatro días de lucha a través de la nieve hasta el pecho.

El primer campamento, a orillas del lago Truckee, albergó a unos sesenta de los setenta y nueve viajeros que habían sobrevivido al paso de las montañas Wasatch y el Gran Desierto Salado.

Construyeron toscas cabañas de troncos para protegerse de los elementos. Cinco millas más abajo, la otra veintena de viajeros, entre los que se encontraban las familias de George Donner y su hermano, se las arreglaron con cabañas cubiertas con lonas de carreta y pieles de búfalo.

.   .   .

Mataron y asaron los bueyes que habían tirado de sus carromatos, pero a mediados de noviembre estaba claro que morirían de hambre sin ayuda exterior.

En la segunda quincena de noviembre, dos grupos del campamento más grande intentaron alcanzar la cumbre a pie, pero ambos tuvieron que regresar por agotamiento. El 16 de diciembre, un tercer grupo de doce hombres y cinco mujeres partió con raquetas de nieve de fabricación rudimentaria. Dos hombres se volvieron el segundo día, pero los demás siguieron hacia la cumbre, medio enloquecidos por el hambre, el frío y los efectos de la altitud.

El día de Navidad ya habían muerto tres; al día siguiente, un cuarto. Atrapados en medio de una tormenta de nieve, asaron a la cuarta víctima mortal en una hoguera y todos comieron. Con las fuerzas renovadas, los viajeros trocearon, cocinaron y empaquetaron otros cuatro cadáveres (tres de las víctimas originales y uno nuevo). Quedaban cinco mujeres y cinco hombres, incluidos los dos indios enviados desde Sutter's Fort en octubre para ayudar a guiar a todo el grupo a través de las montañas. De los tres hombres blancos, el casi trastornado Foster era partidario de matar a los indios, Fosdick estaba demasiado ido para decidirse y Eddy estaba lo suficientemente indignado como para advertir a la presa putativa. Los indios se marcharon, y la muerte de Fosdick proporcionó -a pesar de las súplicas de su esposa- una fuente alternativa de alimento. Unos días más tarde, con Fosdick a medio consumir, el grupo alcanzó a los exhaustos indios. Ignorando las protestas de los demás, Foster les disparó a ambos. El grupo se dividió. Foster y dos de las mujeres se llevaron los cadáveres de los indios para comérselos, Eddy y las otras tres mujeres se llevaron lo que quedaba de Fosdick. Diez días después, ambos grupos llegaron al rancho de Johnson, el primer asentamiento blanco de California, con los rostros manchados de sangre humana.

Para entonces, los ocupantes de los dos campamentos se habían comido a sus perros, sus cinturones y las pieles que formaban los techos de sus cabañas. Pero aún no habían empezado a comerse unos a otros.

Cuando el primer grupo de rescate llegó a los campamentos a mediados de febrero, los cadáveres demacrados en la nieve seguían enteros. Veinticuatro de los cincuenta y seis supervivientes fueron considerados aptos para viajar y sus rescatadores los escoltaron a través del paso. Los otros treinta y dos quedaron a la espera de otro grupo de rescate. Cuando ésta llegó por fin el 1 de marzo, se encontró con un panorama menos halagüeño. En el campamento del lago Truckee, un cadáver medio devorado y varios huesos medio masticados cubrían la nieve;

en el otro campamento, el hombre que vino a recibirlos llevaba una pierna humana. Les dijeron que Jacob Donner había muerto y había sido descuartizado. Su mujer se había negado a comérselo, pero se lo había dado de comer a sus hijos.

Otro grupo partió hacia el oeste, sólo para encontrarse atrapado en la peor tormenta de nieve...del invierno, sin alimentos y con la gente muriendo día a día, tanto los rescatados como los salvadores se vieron reducidos a consumir una mujer y dos niños muertos. Los once que sobrevivieron estaban aparentemente demasiado conmocionados para hablar de la experiencia El alemán Lewis Keseberg no mostraría tal reticencia. Dejado atrás con los Donner, el líder no oficial del campamento del lago Truckee había traspasado los límites de la moderación humana. Se llevó a un niño de cuatro años a la cama y a la mañana siguiente anunció que el niño había muerto durante la noche. Sus compañeros de campamento quedaron consternados al ver que el niño ya había sido colgado por descuartizar...

Esta indiscreción hizo que se le excluyera del viaje de salvamento del tercer grupo. Desgraciadamente, también se quedaron atrás la señora Donner, el sobrino de cuatro años de su difunto marido y la anciana Lavinia Murphy.

También se dejó a dos supervivientes en buen estado físico para garantizar el juego limpio, pero pronto desaparecieron con todas las posesiones que podían llevar. Cuando el cuarto y último grupo de rescate llegó al lago Truckee el 17 de abril, sólo encontró a Keseberg. Había dos calderos de sangre humana en su cabaña e hígado fresco chisporroteando en la sartén.

Negó haber matado a nadie. Dijo que la Sra. Donner se había adentrado en la nieve y había muerto de frío. Parte de ella está ahí", dijo a sus salvadores, señalando la sartén. "Me he comido el resto", añadió de forma un tanto gratuita. Era la mejor que he probado".

Durante los días siguientes, mientras se preparaban para partir, los rescatadores no pudieron evitar fijarse en la cantidad de carne de caballo y buey congelada que aún había sobre la nieve.

¿Por qué no os lo comisteis?

Los probé", dice Keseberg, "pero estaban demasiado secos para mi gusto.

El hígado y los pulmones humanos son mucho más

sabrosos. Y los sesos humanos son la mejor sopa de todas". George Donner, recordaron los rescatadores, había sido encontrado con un agujero en el cráneo.

Lewis Keseberg había cruzado definitivamente la frontera que separa el canibalismo por desesperación del canibalismo por deseo. En lo que se consideraba la civilización, se le consideraba un asesino, pero nadie podía probarlo, y demandó con éxito a un acusador por difamación. Probablemente destinó la irrisoria indemnización de un dólar a su siguiente proyecto: un asador.

La expedición Franklin

Si los miembros del grupo Donner se adentraron a ciegas en su desierto de nieve y hielo, Sir John Franklin lo hizo con los ojos bien abiertos. Y mientras Donner y sus compañeros pasaban un invierno inolvidable en Sierra Nevada, Franklin y sus compañeros se adentraron en el suyo con los ojos bien abiertos.

Grupo, que se había puesto en marcha un año antes, ya figuraban en la lista de desaparecidos.

· · ·

Había 129 oficiales y hombres en los dos barcos que zarparon de Groenlandia el 12 de julio de 1845. El objetivo de esta expedición -y de muchas otras- era encontrar un atajo entre el Atlántico y el Pacífico. Los beneficios potenciales de este esquivo "Paso del Noroeste" siguen siendo un misterio, pero la determinación de encontrarlo era claramente una obsesión permanente. La Expedición Franklin se equipó con lo último en tecnología victoriana: barcos de hierro con calefacción de vapor, desalinizadores para convertir el agua de mar en agua dulce, alimentos envasados en nuevos y revolucionarios recipientes de hojalata y algunas de las primeras cámaras fotográficas. Fue visto por última vez el 26 de julio por dos balleneros en la bahía de Baffin.

En los años siguientes, un grupo de búsqueda tras otro se aventuró hacia el norte en busca de un rastro. Finalmente, en 1859, se encontró un montón de material desechado en la isla del Rey Guillermo, en el corazón del Ártico canadiense. También había dos esqueletos y un mensaje explicativo del ayudante de Franklin, Francis Crozier. Los barcos de la expedición, escribió, habían estado atrapados en el hielo marino durante casi dos años. Durante ese tiempo, Franklin y otros veintitrés hombres habían muerto. En abril de 1845, los 105 hombres restantes abandonaron el barco y se dirigieron al sur, con la esperanza de cruzar el estrecho que separa la isla del Rey Guillermo del continente canadiense.

Una vez cruzado, quedaba el asunto menor de una caminata de mil millas hasta ponerse a salvo ninguno había sobrevivido.

Se encontraron los restos de una veintena de hombres a lo largo de la ruta prevista hacia el sur, pero el resto no había dejado rastro. Sin embargo, su tragedia no había pasado desapercibida y, según los inuit que la presenciaron, los hombres blancos habían empezado a comerse a sus muertos cuando se les acabó la comida. Por supuesto, nadie en la Gran Bretaña victoriana iba a creer la palabra de unos "salvajes locos por el sexo" que vivían en iglús, hasta que el Almirantazgo llamó a un tal Dr. Rae para que examinara las pruebas. Rae, para consternación de sus empleadores, confirmó la versión de los inuit. Por el contenido mutilado de los cadáveres y el contenido de las calderas", escribió, "es evidente que nuestros desdichados compatriotas habían recurrido al último recurso: el canibalismo".

La opinión pública se negó a creerlo y el asunto quedó zanjado. Más de un siglo después, se descubrieron huesos con cortes reveladores en uno de los yacimientos de Franklin en la isla del Rey Guillermo. Se ofrecieron explicaciones alternativas al canibalismo, pero los hallazgos en un nuevo yacimiento de la bahía de Erebus fueron aún más concluyentes. El análisis de los huesos encontrados allí y de las marcas de corte que presentaban eran "consistentes con el descarne o la extirpación de tejido muscular". Según el informe, las pruebas de decapitación eran "sugestivas, pero no concluyentes".

Martin Hartwell

La historia de la Expedición Franklin y su caída en el canibalismo era sin duda familiar para Martin Hartwell, que trabajaba como piloto en el Ártico canadiense. Hartwell tenía 47 años en noviembre de 1972, cuando se le pidió que realizara un vuelo de emergencia desde Cambridge Bay al hospital de Yellowknife, a unos 600 kilómetros al sur. Un niño inuit de catorce años llamado David Kootook tenía todos los síntomas de una apendicitis aguda, y su tía Neemee Nulliayok, de 28 años, sufría complicaciones en su octavo mes de embarazo. Una enfermera inglesa de 27 años llamada Judith Hill iba con ellos Hartwell sólo tenía una licencia VER (Visual Flight Rules), que le prohibía volar a menos que pudiera garantizar la visión del suelo. En sentido estricto, debería haberse negado a llevarlas. Comprensiblemente, y por desgracia para todos, decidió que el estado de los dos inuit justificaba el incumplimiento de las normas.

Su avión pronto se vio envuelto en nubes bajas y nieve. La oscuridad llegó demasiado pronto y el contacto por radio resultó intermitente. Ya se había desviado 200 millas de su ruta cuando el avión se estrelló contra una ladera...

Judith Hill murió en el acto, Neemee Nulliayok unas horas más tarde a causa de la fractura de cuello que había sufrido.

Hartwell tenía dos tobillos rotos, una rodilla destrozada y una mano gravemente herida. Sólo David Kootook resultó ileso.

Hartwell puso al chico a trabajar en la construcción de un refugio y le enseñó a colocar trampas. Tenían lo que parecía un suministro razonable de raciones de emergencia -latas de carne en conserva, paquetes de sopa seca, cubitos de Oxo, arroz y patata en polvo, unas onzas de pasas- y esperanzas razonables de que los encontraran antes de que se agotara todo. Veinte días después, se había agotado. Las heridas de Hartwell y la nieve hasta la cintura descartaban el movimiento.

Vegetariano en tiempos normales, hizo lo que parecía una sugerencia obvia. Le pregunté al chico si comería carne humana, ya que era lo único que teníamos cerca. Me contestó: "Cállate, me voy a morir".

Y murió al día siguiente. Hartwell consiguió hacerse un bocado de sopa con líquenes y nieve, pero sabía que nunca podría hacer suficiente. No había otra salida que comer carne humana, y eso hice", dijo más tarde. Durante los ocho días siguientes subsistió a base del cuerpo de Judith Hill. Lo peor fue dar el primer mordisco", dijo. El horror de lo que estaba haciendo no me molestó después de eso".

Ya no era horrible, pero seguía sintiéndose profundamente mal. Perdió toda fe en Dios y esperaba ser condenado, incluso ejecutado, si alguna vez lo rescataban. Aunque canibalizar a los muertos parecía el único camino racional, la negativa de David Kootook a tomar la misma salida puso todo en cuestión...

. . .

Tras el rescate de Hartwell, la polémica se centró, no en el canibalismo, sino en su incumplimiento de las normas de vuelo. Hartwell acabó vendiendo su historia para pagar a su abogado, pero lo hizo de muy mala gana. Dijo que no deseaba "causar angustia a los familiares de quienes..." había muerto"

Hartwell siguió volando, pero sabía que nunca volvería a ser el mismo. Al preguntarle qué haría si se repitiera la misma situación, no tuvo dudas. Diría: Cállate, voy a morir, como David".

La gira uruguaya de rugby

Ha habido cuatro casos célebres de canibalismo mientras se encontraban perdidos en tierra firme y, por un extraordinario giro del destino, se produjeron en parejas superpuestas.

Así como el grupo de Donner y la expedición de Franklin sucumbieron en 1846, Martin Hartwell compartió su momento de fama no deseada con un avión cargado de uruguayos varados en lo alto de la cordillera de los Andes en los últimos meses de 1972.

. . .

Se trataba de un Fairchild F-277 de la Fuerza Aérea
Uruguaya. Había sido fletado por el club de rugby Old
Christians, que esperaba repetir el éxito de su viaje a
Chile el verano anterior. El flete no era barato y el equipo
había conseguido llenar el resto de los asientos con familiares, amigos y otros simpatizantes. El club de rugby se
había formado primero con los graduados del exclusivo
colegio Stella Maris, y los que subieron a bordo del Fairchild eran en su mayoría representantes de la élite social
de su país Entre ellos se encontraban dos sobrinos del
Presidente y los hijos de un destacado cardiólogo y conocido pintor.

Los cuarenta y cinco pasajeros y la tripulación partieron a
primera hora de la mañana del 12 de octubre, esperando
llegar a Santiago a primera hora de la tarde. El aire sobre
los pasos andinos es famoso por sus turbulencias, y los
informes meteorológicos de esa mañana convencieron a
los pilotos de que era necesaria una escala de veinticuatro
horas en Mendoza. Volvieron a despegar a primera hora
de la tarde siguiente, con el objetivo de cruzar la barrera
montañosa por el paso del Planchón.

. . .

Una hora después del despegue, el copiloto, que pilotaba el avión, comunicó al control de Santiago que habían superado el paso y se encontraban sobre la ciudad chilena de Curicó. Le dijeron que girara a la derecha y comenzara su descenso.

Por desgracia, el viento en contra había frenado el avión y el copiloto había malinterpretado su posición. Girar a la derecha le llevó directamente a las altas montañas. Cuando una bolsa de aire sacó el avión de las nubes, el piloto, sobresaltado, se dio cuenta de su error, pero los intentos de remontar el avión de hélice se vieron frustrados por la escasez de aire. Un ala chocó contra una montaña y se desprendió, llevándose consigo la sección de cola y a siete personas. La otra ala le siguió y el fuselaje cayó sobre la ladera de la montaña como un saltador de esquí, forzando a los asientos a soltarse de sus soportes y golpeándolos hacia delante. El avión se precipitó en forma de tobogán por la ladera y finalmente se detuvo en la nieve profunda. La mala suerte y el mal juicio del copiloto les habían dejado en uno de los lugares menos accesibles del planeta.

Había, por el momento, treinta y tres supervivientes. Siete habían sido succionados con la sección de cola, cuatro aplastados en la cabina; el piloto a sus mandos. El copiloto, gravemente herido, no pudo ser sacado de su asiento y murió durante la primera noche. Cuatro pasajeros más corrieron la misma suerte, sucumbiendo a una combinación de heridas, shock y el intenso frío.

Cuando amaneció sobre el fuselaje semienterrado del Fairchild, sólo veintioch de los cuarenta y cinco originales seguían vivos.

Los que no estaban tan conmocionados como para hacer balance de su situación tenían pocos motivos para el optimismo Se encontraban, como descubrieron más tarde, a 11.500 pies de altura en las montañas. A esa altitud, el frío era extremo: 30 °C bajo cero algunas noches. Y todo lo que podían ver eran otras laderas cubiertas de nieve y el cielo ~ no había ni rastro de vegetación vivificante.

No conocer su ubicación ya habría sido bastante malo, pero pensar erróneamente que sí la conocían resultó aún peor.

Durante sus últimas horas, el copiloto había repetido delirantemente que habían pasado Curicó, y los pasajeros supervivientes no tenían motivos para no creerle. En consecuencia, sus primeros intentos de ponerse a salvo a pie se basarían en una premisa falsa. La lista de la mala suerte continuó. La radio recibía pero no transmitía. El avión tenía el techo blanco, lo que lo hacía prácticamente invisible desde el aire. Y por último, pero no por ello menos importante, tenían muy poca comida y bebida a bordo: algo de chocolate, unas galletas y algo de mermelada, vino y brandy que habían comprado en su escala en Mendoza. La búsqueda del avión desaparecido estaba en marcha.

No tenían medicinas, pero sí dos estudiantes de medicina - Canessa y Zerbino- que ya habían demostrado su ingenio.

El hecho de que muchos de ellos ya formaran parte de un equipo también resultó de enorme importancia. Fue el trabajo en equipo lo que hizo que el fuselaje se convirtiera en un tosco refugio la primera noche, y el espíritu de equipo lo que les mantuvo en pie durante las semanas y meses siguientes.

Durante los primeros días comieron pequeñas porciones de chocolate, observaron el cielo y esperaron que se avistaran un par de aviones, pero no los vieron. Al cuarto día, después de fabricarse unas raquetas de nieve, un pequeño grupo salió en busca de la cola del avión. En ella se encontraban las baterías que necesitaban para hacer funcionar la radio y quizás algo de comida. Incluso tenían esperanzas de encontrar otros supervivientes. Pero no encontraron nada y dieron media vuelta cuando su debilidad física empezó a asustarles.

Al octavo día, otra pasajera, Susana Parrado, murió a causa de sus heridas. Dos días más tarde, los supervivientes se enteraron por la radio de que se había suspendido la búsqueda oficial de su avión. Los aviones de búsqueda chilenos, argentinos y uruguayos habían desafiado los traicioneros vientos de la montaña, pero no encontraron nada.

Había caído nieve más que suficiente para cubrir el Fairchild, y si alguien había tenido la suerte de sobrevivir al accidente, difícilmente podría haber sobrevivido diez días en las montañas. Se suponía que la muerte.

Al menos algunos de los padres se negaron a aceptarlo.

Pagaron sus propias búsquedas y consultaron al conocido clarividente holandés Gerard Croizet. Sea cual sea la opinión de los padres, parece que Croizet vislumbró el destino del avión, lo que les dio alguna esperanza, ellos, y las búsquedas volaron a sus especificaciones vinieron vacías.

En lo alto de las montañas, se avecinaba una decisión. A varios supervivientes se les había pasado por la cabeza la posibilidad del canibalismo, y en ocasiones se había planteado al amparo del humor negro. Ahora, sin comida y sin esperanzas evidentes de rescate, se había convertido en una cuestión de canibalismo o muerte. Canessa dirigió la discusión. Su única esperanza, dijo, era que algunos de que salieran a pie de las montañas, y no había ninguna posibilidad de que encontraran fuerzas para hacerlo sin comida.

Porque pronto estarían tan débiles que no tendrían la fuerza para cortar los cuerpos en la nieve.

Canessa utilizó la religión para reforzar su argumento. Era sólo carne, dijo. Las almas de los muertos estaban ahora en el cielo. Los supervivientes tenían el deber de mantenerse con vida, y los restos corpóreos de sus amigos eran su único medio de hacerlo. Cuando alguien preguntó qué habrían pensado sus amigos muertos de semejante argumento, el otro estudiante de medicina,

Zerbino, tuvo una respuesta. Si su cadáver podía ayudar a sus amigos a seguir con vida, esperaba que hicieran uso de él. Si no lo hacían, decía, volvería y les daría una buena paliza.

Este argumento convenció a algunos, pero no a todos. La discusión continuó por la tarde y finalmente se sumió en un silencio de indecisión.

Había otros dos factores que facilitaban la idea del canibalismo. Como uruguayos, procedían de una cultura todavía acostumbrada a la carne cruda, y en abundancia. Y como católicos, contaban con un par de justificaciones preparadas para comerse a los muertos: el ejemplo de la Eucaristía y el deber de preservar la vida en la medida de lo posible.

Finalmente, Canessa, Zerbino y otras dos personas se levantaron y salieron al exterior. Canessa cogió un trozo de cristal, cortó varias tiras de carne de un cuerpo semidesnudo y las colocó en el techo del fuselaje.

De vuelta al interior, dijo a los reunidos que las tiras estaban allí, secándose al sol, y que quienes las quisieran debían cogerlas. Nadie se movió, por lo que Canessa volvió a salir y cogió una. Tras una breve vacilación, se la metió en la boca y tragó.

La mayoría de los demás siguieron su ejemplo con mayor o menor aceptación. Otros fueron persuadidos por el anuncio de Algorta, después de comer un trozo de carne humana, de que era como la Santa Cena. Cuando Cristo murió nos dio su cuerpo para que pudiéramos tener vida espiritual. Mi amigo nos ha dado este cuerpo para que tengamos vida física'. Pronto sólo resistieron los dos supervivientes de más edad: Liliana y Javier Methol. Finalmente, decidieron que debían sobrevivir a sus hijos.

Algunos de los supervivientes se adaptaron a su nueva dieta sin demasiadas dificultades una vez roto el tabú, mientras que otros nunca se acostumbraron a la idea. Algunos utilizaron la cocina -y parte del preciado combustible- para superar el primer obstáculo, y luego consiguieron comer la carne cruda. Otros se negaron al principio a comerla, pero acabaron sucumbiendo. Incluso entonces, sólo estaban dispuestos a comer la grasa. Los pioneros, animados por los conocimientos de nutrición de Canessa, empezaron a comer órganos como el corazón y el hígado.

· · ·

Pasó otra semana. Estaban vivos y comían, pero su despensa humana no era infinita y no había perspectivas de rescate.

Los líderes no oficiales del grupo empezaron a planear su propia expedición de rescate, pero el desastre sobrevino antes de que pudieran ponerla en práctica Dos avalanchas asolaron el avión en cuestión de horas, la primera sepultando a ocho personas vivas, la segunda prácticamente sepultando el avión. Los dieciocho supervivientes salieron a flote y empezaron de nuevo.

El 17 de noviembre, más de un mes después del accidente, tres de los jóvenes -Canessa, Parrado (hermano de la chica que había muerto) y Vizintin- emprendieron el descenso de la montaña Gracias al error del copiloto sobre Curicó, caminaban en dirección completamente equivocada, adentrándose en las montañas. Tardaron dos días en darse cuenta de ello, y más en recuperar el avión. Otro hombre había muerto en su ausencia.

Tras el fracaso de esta expedición, y el agotamiento físico que había engendrado, los pensamientos se volvieron hacia la reparación de la radio, lo que significaba extraerla de la cabina, llevarla montaña abajo hasta la batería y recablearla de alguna manera. El esfuerzo duró varios días, pero terminó en vano. Se decidió otra expedición, esta vez en dirección opuesta.

El 17 de diciembre, los mismos tres partieron hacia la montaña, con la esperanza de ver Chile desde la cima.

Pronto se dieron cuenta de que el viaje duraría más de lo previsto, y Vizintin fue enviado de vuelta para conservar provisiones. Canessa y Parrado continuaron subiendo, cada cresta se parecía a la anterior, y cada una se extendía aparentemente hasta el infinito. Cuatro días después de partir llegaron al final de la nieve. La hierba y las flores cubrían el suelo Los pájaros volaban en el cielo.

Canessa apenas podía caminar, pero sabían que lo habían conseguido.

Al día siguiente se toparon con un pobre campesino chileno, que les dio un poco de pan y fue a buscar a un granjero de la zona. Éste les llevó a su granja, les dio de comer y les invitó a dormir la siesta.

. . .

Era la tarde del 21 de diciembre. Llevaban setenta días desaparecidos. Llegaron las autoridades locales y se puso en marcha una misión de rescate. Parrado condujo un helicóptero chileno montaña arriba hasta el avión siniestrado, donde los otros dieciséis ya habían oído las buenas noticias por radio. Al día siguiente, fueron trasladados a un hospital local.

La razón de su supervivencia ya se estaba filtrando: algunos habían admitido su canibalismo a sus rescatadores, otros a un sacerdote local del hospital.

No intentaron ocultarlo a los médicos que los atendieron, que querían saber cómo habían sobrevivido. En Santiago, un jesuita uruguayo que enseñaba en un colegio local fue invitado a hablar con los supervivientes y escuchó su historia. En público, sin embargo, los supervivientes siguieron negando los rumores, cada vez más insistentes, que circulaban a su alrededor. Sólo cuando regresaron a Montevideo se dieron cuenta -o finalmente aceptaron- que negarlo ya no era una opción. Se convocó una rueda de prensa y uno de los supervivientes, Delgado, esbozó la "defensa de la comunión". Cuando llegaron al final de su comida, dijo a la prensa reunida, el ejemplo de Jesús y su Última Cena les había inspirado. Si Jesús pudo compartir su cuerpo con sus discípulos, ellos podían hacer lo mismo entre sí.

Algunos de los supervivientes de los Andes se convencieron a sí mismos de que esto era cierto, pero la mayoría vio la "defensa de la comunión" como poco más que relaciones públicas compasivas, un giro de los acontecimientos que les exculpaba a ellos, al mismo tiempo que evitaba los sentimientos de aquellos cuyos familiares y amigos habían muerto y habían sido devorados.

3

Hambre y canibalismo

Las últimas páginas se han ocupado de lo que podría llamarse escasez localizada de alimentos. Sin embargo, muchas de las hambrunas que han asolado la Tierra desde el nacimiento de la agricultura hace 8.000 años han tenido causas más naturales.

Durante estas hambrunas, poblaciones enteras no han tenido otra cosa que comer Desgraciadamente, su suerte era por lo general común a la de sus compatriotas, y difícilmente noticiable. Además, los que morían y los que se los comían eran casi siempre pobres, por lo general analfabetos y, la mayoría de las veces, reacios a admitir, por escrito o de otro modo, su nueva dieta. Como resultado, los casos registrados de canibalismo inducido por la hambruna son escasos. El sentido común sugiere que debió de producirse a gran escala, y hay suficientes pruebas documentadas que lo confirman, pero las pruebas reales son escasas.

Este es un crimen donde realmente puedes comerte las pruebas

Dicho esto, hay historias de padres que se comieron a sus hijos en la hambruna italiana de ap 450, y de ingleses e irlandeses que hicieron más o menos lo mismo a finales del siglo VII. Hacia 850 les tocó el turno a alemanes y búlgaros, y los escoceses se devoraron unos a otros en 936. Entre mediados del siglo IX y el X se registraron veinte hambrunas graves en el norte de Europa, cada una de las cuales duró tres o cuatro años, y en las últimas décadas del siglo X el hambre se apoderó de la mayor parte de Europa. Según un historiador francés, esta terrible hambruna "obligó a la gente a comer no sólo animales repugnantes y reptiles, sino también carne de personas vivas, hombres, mujeres y niños. Su necesidad era tan grande que incluso se comían a sus padres. De hecho, la hambruna fue tan grave que los jóvenes se comieron a sus madres y, olvidando todo instinto maternal, las madres se comieron a sus pequeños".

· · ·

Las otras grandes civilizaciones del mundo, asentadas en latitudes menos templadas, eran aún más propensas al hambre. La literatura india y los registros gubernamentales guardan silencio sobre el asunto, pero algunos relatos antiguos revelan la verdad. Uno de los cuentos de los Diez Príncipes habla de una sequía que duró doce años y de la hambruna que la acompañó.

En una casa, tres hermanos se comieron el grano y luego, uno a uno, "sus cabras, sus ovejas, sus búfalos, sus vacas, sus criadas, sus criados, sus hijos y las mujeres del mayor y del mediano". En ese momento, el hermano menor, que "no se atrevía a comerse a su querida", la cogió de la mano y echó a correr.

La gran hambruna egipcia

Un famoso relato de una hambruna, y de los horrores a los que podía conducir tal privación, se refiere a la gran hambruna egipcia de 1200-1201. Abd al-Latif, un médico treintañero, acababa de llegar de Bagdad cuando la tragedia comenzó a desencadenarse. En la primavera de 1201, "el aire se corrompió, y la peste y un contagio mortal empezaron a hacer estragos, y los pobres, bajo la presión de una necesidad cada vez mayor, comieron carroña, cadáveres, perros, excrementos y estiércol de animales. Al-Latif fue testigo de muchos incidentes de este tipo y del castigo a los responsables. Yo mismo vi a un niño pequeño asado en una cesta. Lo llevaron ante el comandante, que condujo al mismo tiempo a un hombre y una mujer que eran el padre y la madre del niño. El comandante los condenó a morir quemados vivos". Al-Latif observó que en las primeras fases de la hambruna, nadie podía dejar de hablar de la creciente incidencia del canibalismo. Pero pronto la gente se acostumbró a la idea, e incluso se aficionó a la carne humana. Se crearon reservas y nuevas recetas. El horror que la gente había sentido al principio desapareció por completo.

A diferencia de aquellas tribus que se comían a cualquiera menos a sus propios parientes, los ciudadanos del Egipto del siglo XIII parecían dispuestos a mantener las cosas en familia, o al menos a fingir que eso era lo que hacían. El cadáver que se comían era siempre el de un marido, un hijo u otro pariente cercano. Afirmaban que era mejor comerse a su propia familia que verla consumida por extraños.

Como de costumbre, el canibalismo había empezado por comerse a los muertos, para pasar después al asesinato con fines de consumo. Se atacaba a los bebés en brazos de sus madres y a los niños de la calle. Cuando se quemaba vivo a algún desgraciado condenado por comer carne, siempre se encontraba el cadáver devorado a la mañana siguiente. La gente se lo comía con más gusto, porque la carne, al estar completamente asada, no necesitaba..."de la cocina"

Hambrunas en China

Los chinos eran mucho más detallistas a la hora de llevar registros.

Imperial

Los documentos enumeran 131 hambrunas -la mayoría causadas por la sequía- entre el comienzo de la dinastía Han en 221 sc y el final de la dinastía Ming en ap 1644. En una de las primeras, murió la mitad de la población y el emperador Kao Tzu permitió a sus agradecidos súbditos comer o vender a sus hijos. Una famosa novela escrita a finales de la dinastía Ming -Un viaje al Oeste, de His Yu Chi- estaba llena de descripciones de canibalismo, y contenía algunos consejos útiles. Este consejo consistía en la creencia de que comer sólo dos tipos de carne humana garantizaba prolongar la vida del consumidor: la carne de un niño pequeño (especialmente el corazón y el hígado) y la de un monje budista tibetano que hubiera alcanzado la Budeidad gracias a su propio esfuerzo durante diez generaciones. Esta última era probablemente más difícil de encontrar.

En épocas más recientes, la superpoblación aumentó la frecuencia y gravedad de las hambrunas chinas, y el canibalismo que provocaban. La hambruna de 1874-7 fue especialmente grave. El obispo católico romano de Shansi informó en 1877 de que los maridos se comían a sus mujeres, los padres a sus hijos e hijas y los niños a sus padres. Treinta años después, la hambruna asoló la provincia de Shensi. En la capital, Xian, pronto se puso a la venta carne humana.

Apareció un nuevo tipo de albóndiga, hecha con los cuerpos de los muertos. Se vendía a unos cuatro centavos de dólar la libra, y pronto se convirtió en un alimento básico de la dieta local Hambre en la guerra.

Muchas hambrunas han tenido causas naturales -sequías, plagas de insectos, granizo, inundaciones, malas cosechas-, pero muchas otras han sido provocadas, voluntariamente o no, por la acción humana. Una de las vías más seguras hacia la hambruna a lo largo de los siglos ha sido la guerra. En la época anterior a las raciones generales, los ejércitos se abrían paso por el país como langostas, consumiendo todo lo que estaba disponible y dejando a los desafortunados habitantes sólo con lo que habían conseguido esconder, es decir, los ejércitos buenos. Los ejércitos malos también aplicaban políticas de "tierra quemada", cuyo objetivo era inutilizar la tierra para futuros cultivos.

Los asedios desempeñaron un papel destacado en las guerras hasta la Segunda Guerra Mundial: Leningrado y Stalingrado son dos de los principales ejemplos que se exponen a continuación. La idea era bloquear un castillo o una ciudad hasta que se agotaran los víveres, lo que debilitaba a los defensores y les obligaba a rendirse, lo que ocurría con frecuencia. En ocasiones, sin embargo, los asediadores mordían el anzuelo y se quedaban sin víveres antes que ellos.

Los presos son otro grupo que suele correr peligro, ya sea por su propia hambre o por la de sus carceleros. El grado de intencionalidad en tales circunstancias puede variar mucho.

Cuando Rudolf Héss, el comandante nazi de Auschwitz, se dio cuenta de que sus prisioneros rusos se comían unos a otros, lo atribuyó a que ya no eran seres humanos. Al parecer, Héss tenía una conciencia algo atrofiada de la humanidad.

Hay innumerables casos registrados de canibalismo en la guerra, algunos más creíbles que otros. Julio César tomó nota de esta práctica durante el asedio de Alesia, en la Galia, pero, como la mayoría de los soldados y estadistas a lo largo de los siglos, tenía un gran interés en hacer quedar mal al enemigo. Podemos estar un poco más seguros sobre las historias de canibalismo en París durante el asedio de 1871, pero la historia de una carnicería de San Luis que vendía carne humana suena un poco apócrifa. Mucho más recientes son las historias de canibalismo en Ruanda durante el genocidio de 1994 y en Bosnia-Herzegovina durante las guerras civiles que acompañaron a la desintegración de Yugoslavia. A pesar de la aparente ubicuidad de los medios de comunicación actuales, sigue siendo imposible decir con certeza qué representan estas historias: la simple verdad o la inventiva sin fin de propagandistas hostiles.

China

En la historia china hay muchos casos registrados de hambrunas relacionadas con la guerra.

. . .

Durante el asedio de la capital Sung en 594 sc, un enviado del monarca Sung dijo a los sitiadores que le habían enviado para contarles lo mal que estaban las cosas. En la ciudad, las familias "intercambiaban" a sus hijos y utilizaban los huesos como combustible. La idea de "intercambiar" niños se repetiría con cierta frecuencia en la historia china, y los situaba -en lo que a la guerra se refiere- firmemente en el bando de los que pensaban que era mejor comerse a los hijos de otros que a los propios...

Muchos otros asedios acabaron en la misma situación. En Chao, el intercambio de niños fue seguido de una matanza de concubinas para alimentar a los soldados defensores. A finales del periodo Han, un general mató a su concubina más querida para alimentar a sus hambrientos soldados.

Conmovidos por esta abnegación -del general, no de la concubina-, los soldados recién alimentados lucharon hasta la muerte. El truco funcionó tan bien que se repitió al menos una vez, para desesperación de otra concubina. Ella fue convertido en sopa para los valientes soldados.

. . .

El más dramático de los asedios tuvo lugar en Honan durante el periodo T'ang. Los hombres sitiados de Sui-yang se comieron sus caballos, a sus ancianos, a sus niños, a sus mujeres y, finalmente, a sí mismos. Cuando la ciudad cayó, sólo quedaban 4.000 de sus 60.000 habitantes. Su destino no está documentado.

Cruzados y sarracenos

Europa y Oriente Próximo también tuvieron su ración de espeluznantes asedios, y el más espeluznante de todos se refería a uno de los perennes intentos de la primera por controlar al segundo. Las Cruzadas se caracterizaron por su barbarie, sobre todo en el bando cristiano, y ambos bandos tenían la costumbre de comerse al enemigo por despecho. El canibalismo provocado por el hambre parece haber ocurrido sobre todo durante los asedios cruzados a ciudades y castillos musulmanes.

Los sitiadores de Antioquía en 1098 tenían su propio destacamento caníbal, los Tarfurs. Esta banda de mendigos vagabundos se había unido a la Primera Cruzada y había adoptado como líder a un noble normando sin caballo.

· · ·

Cuando la comida escaseó en las afueras de Antioquía, el líder de los cruzados, Pedro el Ermitaño, sugirió que los Tarfurs calmaran su hambre asando y comiendo algunos de los muertos musulmanes que estaban esparcidos por el campamento. Una vez hecho esto, y disfrutando del efecto que tuvo en el enemigo vivo dentro de Antioquía - que ahora "temía menos la muerte por las lanzas de los caballeros que la consumación de la que habían oído hablar, bajo los dientes de los tárfuros"-, el último de los nombrados se dedicó a profanar cementerios y a desenterrar cadáveres musulmanes para su consumo.

Me estremezco al decir que muchos de nuestros hombres, terriblemente atormentados por la locura del hambre, cortaron trozos de carne de las nalgas de los sarracenos que yacían allí muertos. Estos trozos los cocinaban y se los comían, devorando salvajemente la carne mientras estaba insuficientemente asada. De este modo, los sitiadores resultaban más perjudicados que los sitiados". Un punto discutible, se podría pensar. Otros informes hablan de adultos hervidos en ollas y niños empalados asados en espetones sobre hogueras. Lo mismo ocurrió durante el frenesí que siguió a la toma de Jerusalén al año siguiente.

Un siglo después, durante la Tercera Cruzada, se dice que Ricardo Corazón de León comió sarraceno al curry. Algunos relatos subrayan que él creía que la carne era de cerdo, pero todos coinciden en que, una vez enterado de lo que acababa de comer, utilizó el hecho para provocar la muerte.

Consternación entre los embajadores sarracenos que se ocupaba de recibir Los mongoles

Los ejércitos mongoles que arrasaron Eurasia en el siglo XIII no eran socialdemócratas. Cuando se trataba de salvajismo, tenían pocos iguales, y pocos de sus líderes militares estaban dispuestos a dejar que su ya precario sentido de la humanidad común se impusiera sobre lo que parecía conveniente.

No dejaban montañas de cráneos donde había ciudades porque quedaran bonitas, sino para disuadir a los demás. Y cuando ofrecían a una ciudad sitiada la opción de rendirse o morir, lo decían en serio. Si se entregaron al canibalismo es algo que se puede poner en duda. No parece que su imperio sufriera ninguna hambruna grave en el siglo que duró su existencia y, aunque así fuera, es poco probable que los propios mongoles pasaran hambre. No cabe duda de que bebían la sangre de sus caballos cuando no disponían de otro sustento, pero los relatos de los cruzados-los comportamientos de estilo son raros.

. . .

Uno de ellos fue presentado por Matthew Paris en su libro del siglo XIII, Chronica Major: "Los jefes tártaros [mongoles], con los caníbales sabuesos como seguidores, se alimentaban de la carne de sus cadáveres como si fuera pan, y no dejaban más que huesos para los buitres. Pero, es maravilloso decirlo, los buitres, hambrientos y voraces, no se dignaban a comer los restos de carne, si por casualidad quedaba alguno. Las mujeres viejas y feas eran entregadas a sus caníbales con cabeza de perro -antrofagos, como se les llama- para que fueran su alimento diario; pero las que eran hermosas se salvaban vivas, para ser sofocadas y abrumadas por el número de sus rapaces, a pesar de todos sus gritos y lamentos. Las vírgenes eran desfloradas hasta que morían de agotamiento; entonces, les cortaban los pechos para que sirvieran de manjares a sus jefes, y sus cuerpos constituían un banquete jovial para los salvajes".

No parece casualidad que se escribiera en 1243, dos años después de que los ejércitos mongoles sembraran el pánico en Europa al alcanzar el Adriático y el centro de Polonia. Se lee como propaganda y casi con seguridad fue.

Hay otras historias. En una de ellas, Abaga, nieto de Gengis Kan y gobernante mongol de Persia a finales del siglo XIII, exigió que un traidor turco fuera troceado y añadido regularmente a sus comidas habituales. Otro mandó hervir al mismo turco desafortunado, picarlo y servirlo al ejército como ejemplo para los demás. En varias ocasiones se dijo que a los mongoles les gustaban demasiado las jóvenes suculentas, y se les acusó de comérselas a todas. Tannahill, en su excelente historia del complejo caníbal, señala que "como pastores nómadas, los mongoles rara vez o nunca sufrieron escasez de carne" y, "como la mayoría de los ejércitos de la historia, conocían usos mucho mejores para las mujeres que servirlas en un guiso" Conquistador mongol Genghis Khan: las historias de canibalismo en la cultura tártara eran casi con toda seguridad invenciones.

1812

Cuando Napoleón Bonaparte lanzó su invasión de Rusia el 24 de junio de 1812, pocos se dieron cuenta de que el genio corso había mordido mucho más de lo que podía masticar.

Su Grande Armee de 450.000 hombres se enfrentaba a ejércitos rusos mucho más pequeños dirigidos por generales inexpertos, y esperaba recibir la rendición del zar antes de que el otoño se convirtiera en invierno.

Los rusos, sin embargo, se negaron a cooperar, arrasando el terreno mientras retrocedían hacia la lejana Moscú. Los franceses tuvieron que detenerse dos veces para esperar los suministros que tanto necesitaban, y en agosto sólo habían llegado a Smolensk. Napoleón pensó que sólo alcanzando Moscú podría obligar al Zar a aceptar la derrota.

Siguió adelante en otoño, librando la sangrienta e indecisa batalla de Borodino a unas millas de Moscú. El nuevo comandante ruso, Kutuzov, se retiró a la ciudad y siguió retirándose. Cuando Napoleón entró en ella el 14 de septiembre, la encontró vacía tanto de víveres como de zar. Pocos días después la ciudad se incendió -se discute si por accidente o intencionadamente- y se convirtió, si cabe, en una residencia aún menos deseable. Tras unas semanas de esperar en vano algún que otro movimiento político, Napoleón y su ejército, que ahora contaba con poco más de 100.000 hombres, abandonaron la ciudad y comenzaron a volver sobre sus pasos. Las heladas comenzaron al día siguiente y, el 4 de noviembre, la nieve caía a cántaros.

· · ·

Los días 28 y 29 de noviembre se libró otra batalla junto al río Beresina, en la que murieron otros 25.000 franceses, y convirtiendo la retirada de la Grande Armee en una larga e infinitamente dolorosa derrota. El propio Napoleón se dirigió a París, pero sus soldados tenían menos opciones.

Un noble francés vio cómo sus compatriotas quemaban casas enteras para calentarse un poco, y cómo otros soldados delirantes se lanzaban a las conflagraciones. Sus hambrientos compañeros les veían morir sin aparente horror. Hubo incluso algunos que se apoderaron de cuerpos desfigurados y asados por las llamas y -por increíble que parezca- se aventuraron a llevarse a la boca este repugnante alimento".

Para entonces todos los caballos habían sido devorados y el canibalismo -primero de los muertos y luego de los vivos- se había convertido en algo habitual. Testigos rusos informaron de que "a menudo habían encontrado franceses en algún granero, sentados alrededor del fuego sobre los cuerpos de sus camaradas muertos, de los que habían cortado las mejores partes para saciar su hambre. Más tarde, cada vez más débiles, caían muertos para ser devorados a su vez por otros camaradas". De los 450.000

hombres que cruzaron el Niemen en junio, sólo regresaron 20.000.

Guerra civil rusa

La hambruna convulsionó algunas de las mismas zonas a principios de la década de 1920, pero esta vez fueron los rusos y los ucranianos quienes la padecieron. La escasez de alimentos había sido grave durante los años de participación de Rusia en la Primera Guerra Mundial, y a medida que la Revolución de 1917 se transformaba en guerra civil se agudizaba. Las tropas enviadas al campo para recoger alimentos para las ciudades prestaron poca atención a las necesidades del campo. Las malas cosechas de 1920 y 1921 empeoraron aún más las cosas, y en el verano del segundo año una vasta zona de la estepa meridional -que se extendía desde el este de Ucrania hasta los Urales- carecía desesperadamente de alimentos. El pueblo ruso, ahora soviético, había estado en guerra durante siete largos y brutales años.

Se habían acostumbrado al derramamiento de sangre, y la vida, tanto la de los demás como la propia, se había devaluado. El psiquiatra Petr Gannushkin dijo al líder soviético Lenin que la mitad de la población sufría algún tipo de enfermedad mental. No era normal, le dijo al líder soviético, que los hijos mataran a sus padres y los padres a sus hijos.

Hijos

En la región de la hambruna, muchas de las restricciones normales ya habían llegado a su punto de ruptura.

Los funcionarios del gobierno o los soldados capturados por los indignados campesinos eran tratados con gran crueldad: desollados, destripados y atados a los árboles por sus propios intestinos. En aquellos tiempos, el cuerpo humano era carne y hueso, nada más.

Aquel verano y aquel otoño, los campesinos de las estepas comían sus gatos, sus perros y cualquier alimaña que pudieran cazar. Comían hierba y corteza de árbol. En noviembre, cuando las nieves cubrieron los últimos vestigios de vegetación comestible, ya no quedaba nada. No ha habido grano en el pueblo desde Pascua; un campesino escribió: "Ayer me tropecé con el cadáver de un niño pequeño, de no más de seis o siete años. Me lo llevé a casa, le corté la carne y empecé a comer. Fue la mejor comida de todo el año".

No era el único. En los meses siguientes se denunciaron miles de casos de canibalismo, y otros miles quedaron sin registrar. Las madres, desesperadas por alimentar a sus hijos, cortaban los miembros de los cadáveres y hervían la carne en ollas. Al principio, parece que la gente se limitaba a comer a sus parientes muertos. Los niños más pequeños, muchos de los cuales habían sido víctimas tempranas de la hambruna, eran valorados por su sabor más dulce. Los campesinos utilizaban sus graneros y establos como congeladores, apilando los muertos para su consumo futuro Al principio parece que hubo cierta reticencia -comprensible- a admitir lo que estaba ocurriendo.

Hay varias cafeterías en nuestro pueblo, y en todas sirven a niños pequeños, dijo un hombre. Todos comen carne humana, pero lo ocultan". La desesperación pronto superó tales escrúpulos. No lo entregaremos", dijo a la policía una mujer a la que sorprendieron dando de comer a su marido muerto a su hijo.

Otros defendían la práctica por motivos filosóficos. Las almas ya habían abandonado los cuerpos, decían, así que ¿por qué iban a recibir los gusanos la comida?

· · ·

Los rusos tienen una palabra para esto: trupoyedstvo -
comer carne de un cadáver Este tipo de canibalismo era
comprensible, incluso moralmente aceptable, en circunstancias tan desesperadas. Tenían una palabra diferente -
lyudoyedstvo ~ para el asesinato y la ingestión de un
semejante.

Este tipo de canibalismo se consideraba inaceptable en
cualquier circunstancia. circunstancias, pero durante la
hambruna continuó sin importar.

Algunos de estos asesinatos se llevaron a cabo pensando
en una comida: había bandas de adultos hambrientos que
atacaban a niños, bandas de niños hambrientos que
atacaban a adultos. Pero muchos asesinatos fueron por
lucro.

En tiempos de hambruna, los precios de la carne suben y
la gente es menos proclive a preguntar de dónde viene un
filete o una chuleta. Al visitar la casa de una pareja ucra-
niana que vendía rissoles en la ciudad, la policía y los
inspectores médicos descubrieron barriles con partes del
cuerpo de niños, clasificadas y saladas. Uno de los inspectores se sintió algo mareado.

· · ·

Durante esos años, muchos de sus conciudadanos habían comido, sin saberlo, platos similares. Los funcionarios encargados de encontrar comida suficiente para alimentar a las ciudades no estaban dispuestos a cuestionar a un buen proveedor de carne, y muchas víctimas de la hambruna se reciclaron en las cafeterías locales y los comedores de las fábricas del nuevo estado soviético

El sitio de Leningrado

El 22 de junio de 1941, Hitler lanzó la Operación Barbarroja, la invasión de la Unión Soviética. Gracias al chapucero ataque de Mussolini a Grecia y a la consiguiente necesidad de ayuda alemana, la invasión comenzó varias semanas más tarde de lo previsto. Los generales alemanes que conocían su historia militar -que eran la mayoría- se dieron cuenta de que sólo llevaban dos días de ventaja a Napoleón. Los tanques podían devorar kilómetros, pero la mayor parte del ejército alemán seguía viajando a pie o a caballo.

El ataque se lanzó en tres direcciones, hacia Kiev en el sur, Moscú en el centro y Leningrado (actual San Petersburgo) en el norte. Kiev fue tomada a mediados de septiembre Las tropas alemanas alcanzaron los suburbios de Moscú a principios de diciembre, pero luego fueron rechazadas.

. . .

Leningrado fue completamente rodeada por los alemanes y sus aliados finlandeses el 15 de septiembre. Alrededor de tres millones de personas quedaron atrapadas, y las que sobrevivieron permanecerían así durante 900 días. Después de la guerra, los registros policiales, militares y médicos conservados durante el asedio fueron censurados para eliminar cualquier posible mancha en el carácter de la ciudad. Leningrado era una "Ciudad Héroe", y el nuevo Museo del Asedio se organizó en consecuencia. No se mencionaron las cosas terribles que la gente se había hecho entre sí en la lucha por sobrevivir. No se mencionaba, en particular, el canibalismo generalizado que había tenido lugar. Sólo con el fin del comunismo y la apertura de los antiguos archivos salió a la luz una historia más completa y veraz.

El primer invierno fue el peor. Miles de personas murieron o resultaron heridas por los bombardeos de artillería, pero la naturaleza y la escasez mataron a muchas más ~ más de medio millón de personas en cuatro meses.

Hitler, al igual que Napoleón, había elegido sin saberlo uno de los inviernos más fríos de los que se tiene constancia para su fatal aventura, y sus soldados vestidos de vaqueros sufrieron en consecuencia. Sin embargo, tenían comida para comer. La población de Leningrado, y los soldados soviéticos que la defendían, carecían de este preciado bien desde el momento en que se inició el asedio. También carecían de calefacción pública, luz o agua. Una vez congelado el cercano lago Ladoga, se pudieron traer algunos suministros por la "carretera de hielo", pero ni de lejos los suficientes para alimentar a tres millones de personas.

En cuanto escasearon los alimentos normales, la gente se dedicó a comer lo que podía. Las aves ya habían abandonado la ciudad, las que no murieron congeladas en pleno vuelo y cayeron del cielo. Los perros y gatos domésticos acabaron siendo consumidos, a menudo con gran reticencia por parte de sus dueños. Un hombre intentó ahorcarse después de comerse a su gato, pero la cuerda se rompió. Se rompió una pierna en la caída y murió congelado.

El sitio de Stalingrado

El otro gran asedio de la Segunda Guerra Mundial fue el de Stalingrado (actual Volgogrado). Aunque de mayor importancia militar, sólo duró unos terribles meses.

. . .

En septiembre de 1942, los ejércitos nazis rodearon la ciudad por tres lados, obligando a los soviéticos a abastecerla a través del cuarto, el río Volga, de tres kilómetros de ancho. A finales de noviembre, dos ejércitos soviéticos convergentes cortaron la retaguardia alemana y se unieron, creando su propio asedio. Éste finalizó con la rendición en dos fases de las fuerzas alemanas en el interior de la ciudad, el 31 de enero y el 2 de febrero de 1943.

Hubo casos de canibalismo, pero fueron escasos en comparación con los de Leningrado. La mayor parte de la población civil fue evacuada antes de que comenzara la batalla, y los suministros de alimentos, aunque nada generosos, siguieron llegando a los soldados soviéticos y a las milicias obreras de la ciudad, cada vez más abandonada. Sólo un grupo de personas se moría de hambre, y su estado apenas era consecuencia de la guerra. Con el mismo desprecio salvaje por las leyes de la guerra que habían mostrado durante toda la campaña, los alemanes se olvidaron de alimentar a sus prisioneros rusos. Muchos de los que murieron fueron devorados por sus camaradas hambrientos.

Desesperación política

. . .

Desesperación puede ser una palabra inapropiada para las dos últimas piezas de esta sección, pero es difícil ver cuál sería la adecuada.

Ambas describen actos generalizados de canibalismo en circunstancias de frenesí político. Este canibalismo no estaba ni culturalmente consentido ni inducido por el hambre, pero en ambos casos los participantes parecían impulsados por fuerzas que escapaban a su control. Al examinar sus relatos, no cabe duda de que parecían desesperados, pero sigue siendo una incógnita qué buscaban exactamente. El canibalismo no era el objeto de el frenesí, simplemente una forma de expresarlo La Revolución Cultural en China.

Mao Tse-tung lanzó la Revolución Cultural en 1966, sobre todo como medio de eliminar enemigos y reforzar su propio control del destino de China. Dejó suelta a una generación de jóvenes adoctrinados sobre el resto de la sociedad, armados con un "Pequeño Libro Rojo" de sus propias declaraciones gnómicas e instrucciones para destruir todo lo que frenara la revolución. Como era de esperar, los jóvenes adoctrinados adoptaron una definición maravillosamente inclusiva de qué y quién "frenaba la revolución": todo y todos menos Mao y ellos mismos.

. . .

La lista oficial de enemigos de clase, en la jerga de la época, incluía traidores, espías, capitalistas impenitentes, terratenientes no reformados, campesinos ricos, contrarrevolucionarios, escoria social y derechistas. No se trataba de categorías objetivas, sino de etiquetas que los fervientes seguidores de Mao podían aplicar a voluntad. Lo que esto significaba en la práctica era una cultura yob enloquecida.

El tradicional respeto chino por la tradición, la educación y los ancianos se puso patas arriba. El pasado era el enemigo, y cualquier cosa o persona que lo representara -o incluso que lo pareciera- se exponía a la crítica, la "reeducación" y, con frecuencia, a la muerte. No había miedo a pecar de indulgencia. Como decía una declaración oficial, "erróneamente..." matar a cien es mejor que dejar escapar a un culpable'.

En esta atmósfera de frenesí ideológico, se permitía más o menos cualquier comportamiento. En años posteriores, la gente admitía alegremente haber matado a sus "enemigos".

El Presidente Mao les había dicho: somos nosotros o ellos, matar o morir. Muchos lo creyeron, y muchos otros acogieron con satisfacción la oportunidad perfecta para saldar viejas cuentas. Las amenazas de acusación bastaban para ganar favores de muchos tipos, y las acusaciones en sí mismas casi garantizaban algún tipo de sufrimiento. En el condado de Binyang -un pequeño condado del sur de China- 3.681 personas fueron asesinadas en once días durante el verano de 1968. La mayoría fueron apaleadas o lapidadas hasta la muerte. Había armas, pero oficialmente se desaconsejaban. El uso de palos, puños y piedras -o eso se pensaba en las altas esferas- contribuiría a una educación política más viva. No se sabe si Mao y sus compinches consideraban que canibalizar al enemigo era el colmo de la elegancia instructiva, pero parece una progresión lógica.

Algunos de sus seguidores ciertamente pensaban así.

Se desconoce el alcance total de esta práctica durante la Revolución Cultural, y seguirá siendo así mientras los gobiernos chinos sigan venerando la libertad de expresión del mismo modo que lo hacen durante la Revolución Cultural.

Sin embargo, un intrépido periodista llamado Zheng Yi se encargó de investigar los persistentes rumores de canibalismo en la provincia meridional de Guangxi. Tras escapar de la provincia y de China, escribió y publicó un relato de sus descubrimientos, Scarlet.

Memorial

Las historias eran muchas y truculentas. Si comerse el hígado de un espía durante la guerra civil era un comportamiento aceptable, ¿qué podía haber de malo en consumir los hígados de los de categoría veintitrés (los destinados a la reeducación y/o la muerte durante la Revolución Cultural) en 1968? Los testigos recuerdan a un funcionario del Partido que deambulaba por la calle con una pierna humana al hombro, con trozos de pantalón aún pegados.

Un director de escuela fue golpeado hasta la muerte, y los responsables arrancaron la carne de su cuerpo antes de encender un fuego.

Los niveles de crueldad eran espantosamente altos. A los "enemigos del pueblo" no sólo los mataban y se los comían, sino que les arrancaban el hígado y se los comían vivos. Un corazón arrancado, al estilo azteca, al hijo de un terrateniente fue cortado en rodajas del tamaño de un dedo y disputado por una multitud enloquecida. Dos estudiantes fueron atados bajo dos grandes árboles frente a la Oficina de Granos de Wuxuan, y cortados con un cuchillo de cinco pulgadas por el conserje de la escuela local. Los hígados y los corazones se llevaron al ayuntamiento para hervirlos y luego se repartieron.

Los particulares aprovecharon la situación. Un profesor de la escuela primaria de la brigada Gantang, en Menshan, oyó que comerse el corazón de una belleza podía curar la enfermedad. Denunció a una hermosa joven de unos catorce años. Otro individuo, la vicepresidenta del Comité Revolucionario de Wuxuan, se convirtió en una experta culinaria de genitales masculinos.

La mayoría de los asesinatos y canibalismos eran obra de la comunidad. En Wuxuan, un transeúnte de otro condado fue atacado por quince lugareños, asesinado, descuartizado y devorado por todos ellos.

Cuando las víctimas desfilaban por la ciudad antes de su ejecución, las mujeres con cestas de verduras vacías se alineaban en la calle, esperando su oportunidad para llenarlas. La tienda de alimentos y suministros Huangmoo de la ciudad apenas se ocultaba a la vista, como tampoco lo hacía la olla de dos metros de diámetro que había en el exterior y que se utilizaba para hervir a las últimas víctimas de la caza de brujas. Al menos el ochenta por ciento de los lugareños participaban en los festines. Los que no querían participar tenían miedo de negarse.

Un profesor de geografía de Wuxuan, Wu Shu-fang, fue uno de los asesinados a golpes por saber demasiado. Se ordenó a otros profesores que arrastraran el cadáver hasta la orilla del río, y a uno de ellos se le obligó a arrancar el hígado, el corazón y tiras de carne del muslo. Al parecer, se comieron a Wu Shu-fang en tres lugares. Siete u ocho alumnos consumieron parte de la carne en la cocina de la escuela, se preparó una cazuela en una de las habitaciones de los dormitorios y se montó una tercera cocina bajo el techo de un pasillo exterior. Una investigación posterior de este incidente concreto condujo a expulsiones del Partido, pero nada más. Uno de los expulsados se defendió con las siguientes palabras: "¿Canibalismo? ¡Era la carne del casero! La carne del espía". No se arrepintió en absoluto.

Guerras civiles africanas

África, por supuesto, había sido hogar de caníbales más recientemente que la mayoría. Una historia famosa es la de Victor Biaka-Bodia, que representaba a la colonia francesa de Costa de Marfil en el Senado francés. En 1950, ansioso por saber qué esperaban de él sus electores, recorrió la colonia. Resultó que querían su carne.

En el último cuarto de siglo, se han registrado actos generalizados de canibalismo en varias guerras civiles africanas. Cuando el presidente liberiano Tolbert fue derrocado en 1980, lo destriparon en su cama pero, al parecer, no se lo comieron. El hombre que lideró el golpe, el sargento mayor Samuel Doe, hizo muchas promesas y no cumplió ninguna.

Consiguió superar el desafío de Thomas Quiwonkpah -que fue devorado-, pero murió torturado en la guerra civil que comenzó con la invasión de Charles Taylor en 1989. Mientras tanto, el país se había sumido en una violenta anarquía.

Siete ejércitos tribales, cada uno de los cuales contaba con un gran número de niños soldados a menudo drogados, corrían desbocados. Todas las restricciones habituales de la civilización parecían desaparecer.

· · ·

Es interesante preguntarse por qué, en ausencia de una grave escasez de alimentos, se fomentó el canibalismo.

La respuesta obvia es que el canibalismo era una faceta nada olvidada de la cultura tribal.

Reprimido en tiempos de paz, resurgió como el ave fénix... del sangriento frenesí de la guerra civil.

Para algunos, quizás, nunca había desaparecido. El sistema de creencias espirituales conocido como poro ha sido un pilar de la cultura liberiana durante siglos. Los secretos de los rituales implicados se guardan celosamente, pero sin duda implican el uso de partes del cuerpo y probablemente el consumo de carne humana. Parece probable que el poro incluya los sospechosos ideológicos habituales: la transferencia a través del consumo y la alimentación de los dioses mediante el sacrificio.

Se dice que Charles Taylor se rodeó de brujos poros, bebió la sangre de los prisioneros y fue el líder de un grupo de caníbales llamado "Top 20". Taylor negó estas acusaciones e incluso demandó a The Times por publicarlas, pero no pudo seguir adelante con el caso por miedo a ser detenido por cargos relacionados con los derechos humanos. Independientemente de la veracidad de estas acusaciones, no cabe duda de que su país estaba plagado de caníbales durante la década de 1990.

Los periodistas y los refugiados fueron testigos de numerosos ejemplos de corazones y genitales arrancados y devorados, e incluso el Departamento de Estado de Estados Unidos señaló que combatientes de todas las facciones "arrancaban partes del cuerpo a sus víctimas y se las comían delante de civiles".

Historias similares surgieron de la guerra civil de Sierra Leona, que estalló en 1991 y pronto descendió al mismo tipo de anarquía. Aquí, tal vez, los viejos rituales de las Sociedades del Leopardo fueron desempolvados y puestos al servicio de una lucha del siglo XX por el control del lucrativo comercio industrial de diamantes. Un mercenario sudafricano ~una fuente poco satisfactoria, tal vez~ señaló que el canibalismo estaba muy extendido en Sierra Leona.

Afirmaba que había que llevar a los prisioneros en avión a Freetown para interrogarlos y evitar que se los comieran, que los guerreros tribales solían ver despegar el avión y murmuraban "ahí va...".

La segunda guerra civil congoleña, que surgió a raíz del genocidio ruandés de 1994 y costó varios millones de vidas, también creó amplias zonas en las que sólo gobernaban la anarquía y milicias diversas. En los primeros años del siglo XXI, éstas parecían revivir sus recuerdos ancestrales, matando y comiéndose a sus enemigos para reforzar sus propias fuerzas.

A principios de 2003, la ONU (Organización de las Naciones Unidas) publicó un informe condenando estos brotes de canibalismo Desgraciadamente, la guerra de Irak acababa de comenzar y los acontecimientos políticos pronto superaro.

4

Caníbales infames a través de los tiempos

PIONEROS europeos

Las distintas civilizaciones del mundo antiguo debieron de tener su ración de caníbales, pero sus nombres y sus gustos particulares se los ha tragado la noche de los tiempos La Edad Oscura debió de contar con unos cuantos, aunque sólo fuera por hacer honor a su nombre, y los caníbales solitarios seguramente acecharon las calles de la Jerusalén de los cruzados, las ciudades de la China de la dinastía Han, los callejones del Londres medieval. Pero no se conservan registros, y su rastro de huesos desechados hace tiempo que desapareció Los primeros caníbales.

·   ·   ·

¿Dónde aparecen los primeros asesinos caníbales en la historia?

La figura casi demasiado carismática de Vlad el Empalador parece un buen punto de partida. Vlad V de Valaquia -para darle su título oficial- gobernó parte de lo que hoy es Rumanía a mediados del siglo XV. Wallachia compartía frontera con Transilvania, la legendaria cuna del vampirismo, y Bram Stoker supuestamente utilizó a Vlad como modelo para el Conde Drácula, pero no hay pruebas reales de que el propio Vlad fuera propenso a beber sangre. Sin duda le gustaba derramarla, y con cierto estilo, clavando turbantes en las cabezas de los enviados turcos que no se los quitaban, y expoliando al menos un escenario de extraordinaria belleza natural al empalar a 20.000 de sus compatriotas en un vasto campo de palos afilados. También se le atribuye la creación de una forma de ingeniería social que sigue siendo popular entre los ricos: eliminar la pobreza matando a los pobres. Pero ¿era caníbal? Nadie lo sabe.

Gilles Garnier admitió ser un hombre lobo, lo que no era tan inusual en el siglo XVI como lo sería hoy en día. Si él y otros hombres lobo confesos creían realmente en su poder de metamorfosearse, o simplemente habían sido torturados para que lo dijeran, sigue siendo una cuestión discutible. Los acusadores de hombres lobo eran como los de brujería: ambos se basaban en el miedo y los prejuicios para compensar la falta de pruebas reales.

Garnier, aunque casado, era una especie de ermitaño, con un rostro "suficiente para repeler a cualquiera que quisiera conocerlo".

Al parecer, mató y devoró a varios niños en la región de Déle, en el centro de Francia, hacia 1573, pero las pruebas presentadas en su juicio, al igual que su confesión, carecían de credibilidad. Durante el verano, aparecieron varios cadáveres mutilados y medio devorados, así como la aparición de una criatura parecida a un lobo que, según los testigos, tenía un gran parecido con el ermitaño. A principios de noviembre, unos campesinos que regresaban del trabajo interrumpieron el ataque a una niña.

En las semanas siguientes aparecieron más cadáveres destrozados y, finalmente, Garnier -en forma de lobo- fue visto y reconocido atacando a otro niño. Detenido, confesó haber despedazado a varios niños con sus dientes y sus zarpas de lobo, haberse comido partes de los cuerpos y haber llevado otras articulaciones a casa de su mujer.

· · ·

Afirmó que los impulsos de matar y comer carne humana le acompañaban siempre, fuera cual fuera la modalidad en la que se encontrara. En 1574 fue quemado en la hoguera, refutando así las afirmaciones posteriores de que los hombres lobo sólo pueden ser eliminados con una bala de plata.

En el momento de la ejecución de Garnier, un contemporáneo alemán llamado Peter Stubbe se acercaba al ecuador de una carrera deprimentemente prolífica: aterrorizó la zona de Bedburg durante casi un cuarto de siglo, violando, asesinando y comiéndose a decenas de mujeres y niños pequeños. En su confesión bajo tortura, afirmó haber atacado a sus víctimas en forma de lobo, pero haber vuelto a la forma humana para las violaciones y los asesinatos. Admitió haber arrancado a bebés nonatos del vientre de sus madres y haberse comido sus corazones "jadeantes, calientes y crudos". También consumió al hijo de su propia hija, encontrando supuestamente los sesos del niño 'de lo más sabrosos y deliciosos'. La confesión de Stubbe puede parecer un poco exagerada, pero le aseguró una muerte acorde: tras atarlo a una rueda, sus verdugos le cortaron trozos de carne con tenazas al rojo vivo, le rompieron todos los huesos con garrotes, le cortaron la cabeza y quemaron el cuerpo La lección no se le habría escapado a la condesa Elisabeth de Bathory. Lejana pariente húngara de Vlad el Empalador, la condesa se casó a los quince años con un aristócrata propietario de un castillo llamado Conde Ferencz Nadasy, y pasó la mayor parte de los veintiocho años siguientes ideando nuevas formas de violencia sádica para probar con los sirvientes. Su marido y su tía le sirvieron de inspiración: él, con su conocimiento enciclopédico de las técnicas de tortura turcas; ella, con su afición a utilizar la flagelación de campesinas pechugonas para excitarse.

Armada con una antorcha encendida y su fiel par de tenazas para desgarrar la carne, la condesa mataba y mutilaba más o menos a voluntad. Mientras se limitara a las campesinas, el riesgo era mínimo; el Estado no estaba ahí para contener a la aristocracia...

Cuando su marido murió en 1604, la condesa empezó a buscarle sustituto, pero su edad y -me gustaría pensar- su carácter la convertían en una propuesta poco envidiable.

¿Cómo podía hacerse más atractiva? Una sirvienta, sin saberlo, le dio la respuesta: al abofetear a la condesa, le roció la cara con sangre. Al lavarse la sangre, la condesa se dio cuenta de que la zona de la piel que había recibido el chorro parecía más joven que el resto. La lección estaba clara.

.   .   .

Necesitaba sangre, y mucha.

Las campesinas locales suministraban lo necesario. Los baños diarios en el elixir rojo requerían mucha sangre, y los sirvientes del castillo debían de pasarse la mayor parte de su vida haciendo barridos cada vez más amplios por el campo circundante. Las desafortunadas víctimas eran drenadas, al principio por métodos convencionales y más tarde con la ayuda de una doncella de hierro. Se trataba de una caja moldeada con forma humana, cuyo interior estaba revestido de afilados pinchos. Cuando se cerraba, los pinchos perforaban la carne, haciendo que la sangre fluyera de la víctima aún viva a través de un agujero en el fondo. Una vez muerta la víctima, la carne se servía a veces a los campesinos locales -y a futuras víctimas.

Al menos, así cuenta la leyenda. Reay Tannahill señala que un cuerpo humano sólo contiene un galón de sangre, "apenas suficiente para un baño de esponja", y que además la sangre es muy propensa a la coagulación. Por lo tanto, la condesa habría tenido graves dificultades logísticas para organizar un baño decente.

.   .   .

De ser cierto, éste era el menor de sus problemas. Mucho más grave era que la sangre no funcionaba: seguía pareciendo una anciana psicópata. La salvación potencial sólo llegó con una hechicera del bosque local que señaló lo obvio: necesitaba sangre noble para su noble piel. La condesa dispuso que veinticinco hijas de la nobleza menor asistieran a su recién creada escuela de hechicería y se dispuso a drenarlas. Desgraciadamente para la condesa, los campesinos locales los encontraron primero. Los cuerpos fueron denunciados a las autoridades, que se dieron cuenta de que se había cometido un verdadero crimen: torturar y matar a la nobleza. Los militares se presentaron en el castillo, encontraron sangre y cadáveres por todas partes y arrestaron a la indignada condesa. Las investigaciones posteriores revelaron que era responsable de la muerte de más de 600 niñas. Fue juzgada y declarada culpable en 1611, pero el peor castigo que sus compañeros aristócratas pudieron infligirle fue el confinamiento en una única habitación de su propio castillo. Sus cómplices de clase baja fueron torturados públicamente y quemados vivos por caníbales escoceses.

Los escoceses son justamente famosos como ingenieros, pero merecen más de una mención por su labor pionera como caníbales. Cuando la Britania romana fue invadida desde el norte hacia 367, uno de los grupos implicados fue una tribu supuestamente caníbal de Argyll llamada Attacotti.

Más tarde cambiaron de bando, pero se desconoce si sus nuevos señores romanos los animaron a comerse a los enemigos del imperio. Mientras tanto, en Escocia, sus costumbres perduraron. Se dice que los Moss Troopers del país fronterizo eran aficionados a comer la carne y beber la sangre de sus enemigos, y que hirvieron a un noble oponente para hacer sopa. Un individuo, el temible Christie o'the Cleek, era famoso por su afición a la carne humana y por el hacha ganchuda o "cleek" con la que arrancaba a sus víctimas de los ponis. Sin embargo, los más famosos de todos fueron Sawney Beane y su prodigiosa prole Los hechos sobre Sawney Beane son difíciles de precisar. Según algunas fuentes, estuvo activo a principios del siglo XV; según otras, fue tan tarde como a principios del siglo XVIII. El relato de quienes acabaron arrestándole -y observaron pistolas en su cueva- sugiere esta última fecha.

Conclusión: mirando al futuro

FRANCESES CONTRASTADOS

Blaize Ferrage Seye fue probablemente contemporáneo de Nichol Brown. Nacido en 1757, vivió su corta vida en la región de Cominges, en el suroeste de Francia, entre Toulouse y los Pirineos. Se hizo albañil en su adolescencia, pero pronto fue expulsado de su pueblo por un marido celoso.

Como Sawney Beane, se instaló en una cueva.

Seye parece haber compartido el desdén de Beane por el trabajo honrado, prefiriendo sobrevivir a base de robos.

Al principio sólo robaba pollos y ganado, pero pronto demostró su propensión a la violencia extrema, secuestrando, matando y violando -en ese orden- a varias mujeres jóvenes.

Cuando los granjeros locales le dificultaron el robo de animales, se pasó a las personas, consumiendo un número indeterminado de hombres y mujeres. Las autoridades encontraron su cueva en 1782 y organizaron una ejecución típicamente brutal. A Seye, de 25 años, lo rompieron en una rueda y lo colgaron de una horca para que muriera expuesto.

Su compatriota caníbal Antoine Langulet era un hombre mucho más agradable. Creció pobre en el París de principios del siglo XIX y, según una teoría bastante dudosa, nunca se acostumbró a una dieta normal. Se supone que le gustaba la comida podrida, lo que le obligaba a rebuscar en los cubos de basura y a la emoción ocasional de encontrar un gato muerto.

estaban llenas del tipo de comida que le gustaba, y adoptó el nuevo pasatiempo nocturno de desenterrar tumbas. Al principio se limitaba a coger lo que necesitaba -los intestinos eran un plato favorito poco habitual, incluso para un caníbal- y volvía a enterrar el cuerpo para futuras visitas, pero pronto se lo llevaba todo a casa. Una joven desenterrada requirió dos viajes, en el segundo de los cuales fue desafiado por un policía. En la cárcel, Langulet admitió libremente sus actividades y se preguntó en voz alta qué había hecho mal. Había deseado la carne de una joven...niño, dijo, pero él nunca habría soñado con asesinar a un Ameal bajo.

Alexander Pierce, irlandés de Fermanagh, fue condenado a transporte por robar un par de zapatos en 1820. Acabó en un duro campo de convictos en Tasmania (entonces llamada Van Diemen's Land). Varias estancias fuera del campo como sirviente de los dignatarios locales acabaron en latigazos; un ambicioso intento de falsificación resultó igualmente infructuoso. Pierce fue devuelto al campo.

Pronto escapó con otros siete. Tasmania no era el lugar más fácil de atravesar a pie, sobre todo si la única fuente de alimento eran las chaquetas de piel de canguro. Tras diez días de hambre creciente, por fin se abordó el tema del canibalismo, que fue acogido con una marcada falta de entusiasmo. Tres hombres se escabulleron en la noche, dejando a los otros cinco para echar a suertes quién debía ser consumido. Al perdedor le arrancaban el corazón, lo freían y se lo comían. O al menos eso fue lo que Pierce contó a las autoridades tras su recaptura. Admitieron, con cierta reticencia, que podía estar diciendo la verdad...

.   .   .

Volvió a escapar al año siguiente, esta vez con un solo compañero, Thomas Cox. El segundo día llegaron a un río ancho. Le preguntó a Cox si sabía nadar, según contó Pierce más tarde a sus interrogadores. Cox respondió que no, lo que no auguraba nada bueno para su plan de fuga. Es comprensible que esto molestara a Pierce, hasta el punto de matarlo. Una cosa llevó a la otra, y Pierce mató a Cox con un hacha, se comió parte de él esa noche y cortó la mayor parte de su carne para llevársela consigo.

Cuando lo volvieron a capturar, le preguntaron por qué había comido carne humana cuando aún tenía provisiones de pescado y carne. No obtuvo una respuesta clara, y fue ahorcado unos días después.

www.ingramcontent.com/pod-product-compliance
Lightning Source LLC
Chambersburg PA
CBHW071624030726
47598CB00001B/418